ピアで学ぶ大学生・留学生の日本語コミュニケーション
プレゼンテーションとライティング

大島弥生　大場理恵子　岩田夏穂　池田玲子

ひつじ書房

目次

この本で学習する方へ ……………………………………………………… iii
この本で指導なさる方へ ……………………………………………………… vi

第Ⅰ部

1課 オリエンテーション ……………………………………………………… 2
　　　[目標] この授業で何を学ぶかを知る

2課 自己PR❶　自分を伝える ……………………………………………… 8
　　　[目標] 話したい内容を整理し、相手に伝える

3課 自己PR❷　情報を整理する ………………………………………… 14
　　　[目標] 必要な情報を整理する

4課 自己PR❸　スピーチの準備をする ………………………………… 20
　　　[目標] 整理した情報を使って伝える

5課 自己PR❹　スピーチをする ………………………………………… 26
　　　[目標] スピーチを通じて、お互いをリソースとして発見する

6課 自己PR❺　志望動機書／学習(研究)計画書を読みあう ………… 30
　　　[目標] 志望動機書／学習(研究)計画書を書き、相互コメントする

第Ⅱ部

7課 ブック・トーク❶　情報を探す ……………………………………… 40
　　　[目標] 本・記事や情報の探し方を知る

8課 ブック・トーク❷　情報を読んで伝える …………………………… 46
　　　[目標] 読み取った情報を伝える

9課 ブック・トーク❸　詳しいブック・トークをもとにアウトラインを書く …… 52
　　　[目標] 複数の本(記事)の比較を通じ、テーマについての理解を深める

10課 ブック・トーク❹　ポスター発表を準備する ……………………… 60
　　　[目標] ポスターの効果的なレイアウトを考え、発表の準備をする

11課 ブック・トーク❺　発表する ………………………………………… 66
　　　[目標] ポスター発表と、発表への質問・コメント・評価を通じ、考察を深める

12課 ブック・レポート❶　情報を引用しながらブック・レポートを書く …… 72
　　　[目標] ブック・レポートに読んだ本(記事)の情報を正しい形式で引用する

13課 ブック・レポート❷　内容を検討する ……………………………… 80
　　　[目標] 読み手と協力して相手に伝わるレポートにする

14課 ブック・レポート❸　表現や形式を点検する ……………………… 86
　　　[目標] レポートの表現や形式のチェックポイントを知る

15課 全体を振りかえる …………………………………………………… 92
　　　[目標] これまで学んだことを振りかえり、今後に生かす

● **提出シート** (ワークシート&日本語エクササイズ)

この本で学習する方へ

　この本では、主に「大学での学び」のための、日本語のコミュニケーションとライティングの力を身につけます。

●「大学での学び」とは？

　大学の授業では、〇×で答えが出る問題を解くだけではなく、**答えのない問題に自分で取り組む**ことになります。それは、いろいろな答えを考え、最初に考えた答えに対して、違った視点から検討・批判し、より適切な答えを探すことなのです。その過程にこそ学びがあります。

☞ この本には、「適切な答えを探す過程で学ぶ」方法を知るための工夫があります。各課にある課題（タスク）を完成させるまでに、個人・ペア・グループで話しあったり考えたりします。そこには、新たなものの見方やアイディアの発見、気づきがあります。各課の終わりで、その課のタスクへの取り組み方や自分が感じたこと等を振りかえります。そうすることで、タスク完成までの間に自分が得られたものや、さらに検討が必要な問題点がはっきりと意識できます。

●「大学で学ぶ」ためのコミュニケーションとは？

　大学では、**学ぶ過程でお互いに貢献し、成長するためのコミュニケーション力**を身につけなければなりません。それは、仲良しの友だちとの単なるおしゃべりとは異なるものです。大学の仲間は、学びのための活動をともに運営していく「協力者」です。活動をよりよく運営するためには、自分たちの役割を、責任を持って果たすことが必要です。また、大学の仲間は、自分とは異なる価値観や背景を持つ「他者」です。そのような「他者」と協力していくためのコミュニケーション力が求められます。

☞ この本では、**仲間との活動を通してコミュニケーションのさまざまな側面を学べる**ようになっています。課題を通して、伝える、確認する、まとめる、再生する（相手の話を聞いて自分のことばで繰りかえす）、話を促す、話を聞き出す、内容にコメントする、といったことを繰りかえし行い、その過程でお互いに貢献できるような話し方や聞き方を考えます。たとえ、活動が「失敗」したかのように見えても、なぜそうなったのかを考えることによって、つぎの活動を改善するヒントを得るきっかけになります。

●大学の授業活動に必要な「伝える」「受けとめる」力とは？

　大学での授業活動では、さまざまな「伝える」力と「受けとめる」力が必要です。演習の発表等では、**自分の考えが相手に間違いなく伝わるように話す力、相手の話を適切**

に理解し、**検討する力**が求められます。また、さまざまな文章作成に必要な情報や知識を増やすために、**本や論文を正確に、かつ批判的に読むこと、それを自分の文章の中に適切に再現できるようになること**も重要です。

☞ この本では、つぎの活動を通して、**大学の授業活動で必要な「伝える」「受けとめる」力**をつけることができます。前半では、自己紹介やスピーチ（1〜5課）に取り組むことで、背景が異なる相手に言いたいことを正確かつ効果的に伝える話し方、お互いの内容を深めるための検討のし方を学びます。後半のブック・トーク（7〜11課）は、1つの本や記事に書いてあることをそのまま信じるのではなく、他の本等と比べ、批判的に読むとはどういうことなのかを知るための活動です。複数の本や記事から得た情報や知識を整理したうえで利用することで、自分の知識を広げ、考えを深めることができます。

● **大学で求められる「ライティング」の力とは？**

大学入学時、そして入学後には、**自分の考えや問題意識を説得力のある文章で表現する力**や、知識や情報を**整理し、再構成する力**、情報をある観点から**分析・考察した結果を正確に文章化する力**が必要になります。つまり、作文や小論文とは別のタイプの文章を書く「ライティング」の力が求められます。

☞ この本では、つぎの活動を通して、**大学で必要な「ライティング」の力**をつけることができます。前半では、志望動機書／学習（研究）計画書の作成（6課）を通して、自分の問題意識や展望を読み手に伝え、相手に納得してもらうためのライティングについて学びます。後半のブック・レポート（12〜14課）では、読んだ内容をただ写すだけではなく、内容を批判的に分析し、自分自身の意見を明確にしていくことを学びます。そのために、引用表現を用いて事実と自分の意見を区別しながら文章にする方法を学びます。

● **大学での授業活動で使われる「日本語」とは？**

大学での授業活動や就職活動で書く文章や、ゼミの発表、スピーチ等には、友人とのおしゃべりとは異なる「**改まった場面で使う書きことば的表現**」が使われます。日常会話のことばと、そのような書きことば的表現を使い分けられるようになるには、日ごろから、このような日本語のバリエーションについて意識する必要があります。

☞ この本では、各課の終わりの「日本語エクササイズ」をすることで、**大学での学習活動や就職活動等に使われる改まった場面の書きことば的表現を少しずつ学べる**ようになっています。このエクササイズによって、そのような書きことば的表現が、これまで日常的に使ってきたことばや表現とどう違うのかを振りかえります。

この作業を繰りかえして、最終的に自分の使う日本語がその場面や相手や状況に合っているかどうかを**自己点検できる**ようになることを目指します。

● **「ピア・ラーニング（協働学習）」とは？**

　大学では、学生が、自分たちで答えが決まっていない問題に取り組みます。それには、**学生同士で学び、貢献しあうために協力する**「ピア・ラーニング（協働学習）」の考え方が有効です。

☞ この本は、全体を通して「ピア・ラーニング（協働学習）」の考え方に基づいて構成されています。ピア・ラーニングは、考えを深めるための双方向コミュニケーションによって進める学習です。ピア・ラーニングにはつぎのような利点があります。まず、自分の考えを相手に話すことで、考えをよりはっきりさせることができます。また、相手と話を聞きあい、お互いに再生・質問・コメントをすることで、双方の内容をより深く充実したものにすることができます。相手の内容についての検討に協力することは、自分の考えを広げることにもつながります。これは、お互いが学びのリソースになる、つまり、お互いが相手にとって価値ある存在となることを意味します。

☞ ピア・ラーニングの活動では、最終的に相手に同意することだけが目標ではありません。むしろ、相手と意見が異なることが互いの成長につながると考えます。たとえば、自分と対立する考えを知ることで、自分の考えの輪郭がはっきりします。ここで重要なことは、自分と異なる意見を否定せずに、受け入れることです。そして、その意見の背景を探り、自分が正しいと思っていることは、多様な考え方の１つである、ということを理解することです。

この本で指導なさる方へ

●この本は主に以下の2つの領域を想定して設計されています

「移行教育・初年次教育」の教材として

　大学の授業では、入学した大学生・留学生が初年次の段階で、高校の学習から大学の学習へスムーズに移行し、大学での学習・研究活動に取り組めるように支援する必要があります。

☞ この本は、入学して間もない大学生・留学生が他者と協力して課題解決に取り組む、また、批判的に情報を検討し、目的に合わせて再構成するといった活動を通して、移行教育・初年次教育（基礎セミナー、基礎演習等の科目）の現場での基礎的な学びの態度と知識を身につけられるようにデザインされています。

☞ なお、対象とする文章のジャンルや読解課題の難易度を変えることにより、高年次（各種のゼミ、演習科目等）での教材・副教材とすることも可能です。

「大学生・留学生のための日本語表現能力育成」の教材として

　大学での学習活動では、文献の内容を正しく読み取ること、そして、情報を客観的に、正確に伝える文を用いた論理的文章を書くことが求められます。そのためには、本や論文等に使われる表現やことばの知識の蓄積が必要です。しかし、近年、大学生の生活において、そのような書きことばや改まった場面にふさわしい表現のインプットが極端に減っており、大学が求めるレベルの文章作成が非常に困難になっています。したがって、日本語のことばや表現のバリエーションを増やす指導や、文意を正確に伝える文を書く力を育成するための指導が急務です。留学生にも、現実の場面でさまざまなレベルの日本語表現を使い分けられるようになるための、段階を踏んだ学習プロセスが必要だと考えます。

☞ 各課のタスクや活動では、学び手である大学生・留学生が書きことばや改まった場面にふさわしい表現を用いることを意識できるように配慮されています。また、各課の終わりにある日本語エクササイズで、書きことばや改まった場面にふさわしい表現のルールや、文意を正確に伝えるための文の構造について、確認しながら学習を進めることができます。そうすることで、無理なく日本語のバリエーションを増やせるようになっています。

●**この本では、以下の学習目標のもとに活動が配置されています**

学び手同士の双方向的な発信受信の過程を通した自己目標の明確化

　大学では、高校に比べて行動のネットワークが大きく広がります。その中で、学生は、他の学生をはじめとする多様な背景を持つ他者とともに、さまざまな活動に関わることになります。そこでは、ことばのやり取りを通して、互いに自分の役割を果たし、直面する課題を解決していくことが求められます。そのために、背景の異なる「他者」と適切なコミュニケーションが行える力を、なるべく早い時期から身につける必要があります。

☞ この本は、全体を通して、学生が学び手として互いに協力しあい、課題達成に向けて取り組めるようになることを目指しています。そこで、前半に、互いに伝え手と受け手になり、**自己目標の明確化**を目指すタスクを配置しました。つまり、自分はどういう人間であり、自分が大学で何を目指すのかを共有することで、「自己と大学との位置づけ」や「自分にとってのリソースとしての大学の利用法」の明確化を進めるようとするものです。

☞ 【活動1】のタスクでは、あいまいな自分の思いや問題意識を他者に伝えるために言語化し、口頭と文章の両方で伝える活動を通して、これまでの「自分」と現在の「自分」とこれからの「自分」をつなげ、次第に大学における自己目標の輪郭を明確にしていきます。

　　【活動1】「自己PR」
　　　自己紹介、スピーチ「私のおすすめ」「私とX大学」（1～5課）
　　学習（研究）計画書／志望動機書（6課）

　各課に学習や活動を行う際に有用なことば・表現および会話・活動モデルを組み入れたことで、学生同士で学びあう活動に慣れていない学生でも抵抗なく参加できるように配慮しました。また、「志望動機書／学習（研究）計画書」のモデルを示し、はじめてこのような文章を書く学生にも、取り組みやすくなるようにしました。ただし、これらのモデルは絶対的な規範ではありません。教室では、それらのモデルを一例として示し、課題の目的や学生のレベルに応じて調整してください。

本や記事の批判的読解、比較対照を通じた知識の能動的利用および アカデミックな文章作成の準備としてのライティングの力の獲得

　大学の学習には、読んだ情報や知識を正確に要約し、それを自ら理解して語り、さらに他の文献と比較して、批判や評価を加えるという**能動的読解**が必須です。なぜなら、それは、先行研究の把握やその批判的検討の基礎となるものだからです。また、自分の文章に**外部から得た情報や知識を適切に配列し、引用表現を用いて自分の意見と区別し**

ながら書くことは、ゼミ論や卒業論文といったアカデミックな文章作成の基本です。しかし、大学入学までの読解活動は、単に読んで感想を書くといった受動的読解が中心であり、学生は、そのような能動的読解の訓練をほとんど受けてきていません。つまり、学生のレディネスと大学が期待する能動的・批判的な読解力や文章作成力との間に大きな乖離があるのです。これは、課題のレポートや論文を書く際に、単に読んだ文章をそのまま写して利用するコピー・アンド・ペーストや剽窃行為をしてしまう学生が後を絶たない、といった問題に表れています。

☞ この本は、大学での学びを自律的に進めて、周囲の学習リソースを探索・活用できる学生を育てることを目指しています。

☞ この本では、同種のテーマの本や記事を分担して読みあい、発表する「ブック・トーク」と、その結果をレポートに仕上げる「ブック・レポート」の活動を後半課（第Ⅱ部）の柱としました。

　　　【活動2】「ブック・トークとポスター発表」(7〜11課)
　　　【活動3】「ブック・レポートとその点検」(12〜14課)

課ごとの目的に応じた文章モデルの提示により、文章作成における学生の負担を軽減できるようになっています。また、課題文章のタイプや読み物の選択によってタスクの難易度を変えることで、初年次の授業だけでなく、専門ゼミや卒論ゼミでも使うことができます。

思考の言語化に必要な日本語力の獲得と文章およびことばの自己点検能力の獲得

書きことばのインプットが減っていることや、交流する人間が仲間うちに限られる傾向を背景に、学生は、自分の思考を言語によって表現することや、場面や相手によってことばのモードを切り替えることを意識しない傾向にあります。大学の学習活動や就職活動では、自分の内面にあるものを、その場面にふさわしい表現を用いて相手に伝える日本語の運用能力が必須であることから、早い時期に、思考の言語化とことばのモード切り替えの重要性を意識させることが必要です。また、思考の言語化のために必要な文章作成の基礎知識を確認させることも重要です。文意を誤解されないような正確な文を書くための指導も必要です。

☞ この本は、思考の言語化とことばのモード切り替えに必要な語彙や表現のバリエーションを広げ、その運用力をつけるために、日本語の「書きことば・話しことば」「日常的なことば・改まったことば」の使い分け等に関する知識導入および正確な文を書くための知識導入とそれらの練習のための活動を設けました。

　　　【活動4】日本語エクササイズ(1〜15課　5、11課は除く)

各課で日本語の書きことばや改まった場面にふさわしい表現の特徴や正確な文につい

ての知識導入と説明を行い、それを踏まえて提出用シートにある練習に取り組ませます。それによって、思考の過程を表現するための抽象的な語彙等の知識を増やし、適切なことばを使用する力や正確な文章かどうかを自己点検する力が身につくようになっています。

●この本は、ピア・ラーニング（協働学習）の考え方に基づいています

　ピア・ラーニングとは、学生同士等が対等な関係において協力して学びあう考え方のことです。この考え方に依拠した活動（ピア活動）では、参加者間の対話のプロセスに学びの創発があると考えます。

　ピア・ラーニングにおける学びは、つぎの3つにまとめることができます。第1に、**相互リソース化**です。これは、学生が自分も相手もお互いに貢献できる互恵的存在であることを意味します。第2に、**批判的思考の獲得**です。これは、対話から「問い」が生まれるプロセスを重視することを指します。第3に、**社会的関係の構築**です。背景の異なる多様な「他者」と向きあい、認めあう態度を身につけるということです。

　ピア・ラーニングに基づく教室運営では、教師には、学生同士の相互作用によって生み出されるお互いにとっての新しい成果を、活動に関わる全員が実感できるような活動をデザインし、支援することが役割として求められます。そして、ピア活動に参加する学生は、全員がその場を意味あるものとして成立させるために関与することが期待されます。ピア・ラーニングを通して教室の中に「学び手の共同体」が生まれ、そこに参加する学生は、共同体のメンバーとしてお互いに貢献する、ということです。

　ピア活動は、いつもうまくいくとは限りません。しかし、活動がうまくいかなかった場合でも、学生にとってつぎの学習の課題を発見する貴重な学びの場となります。

○なお、この本を教科書として採用してくださる方には、授業のためのヒント集をご用意しております。ご利用をご希望の方は、お名前・担当授業をご明記のうえ、ひつじ書房までメール（textbook-hint@hituzi.co.jp）でお問い合わせください。
○この本の第Ⅱ部を用いて行った留学生に対する実践事例をアカデミック・ジャパニーズ・ジャーナル第5号（http://www.academicjapanese.org/journal05.html）でご覧いただけます。

〈各課の活動の流れ〉

各課には、共通してつぎの活動項目が配置されています(時間は目安です)。

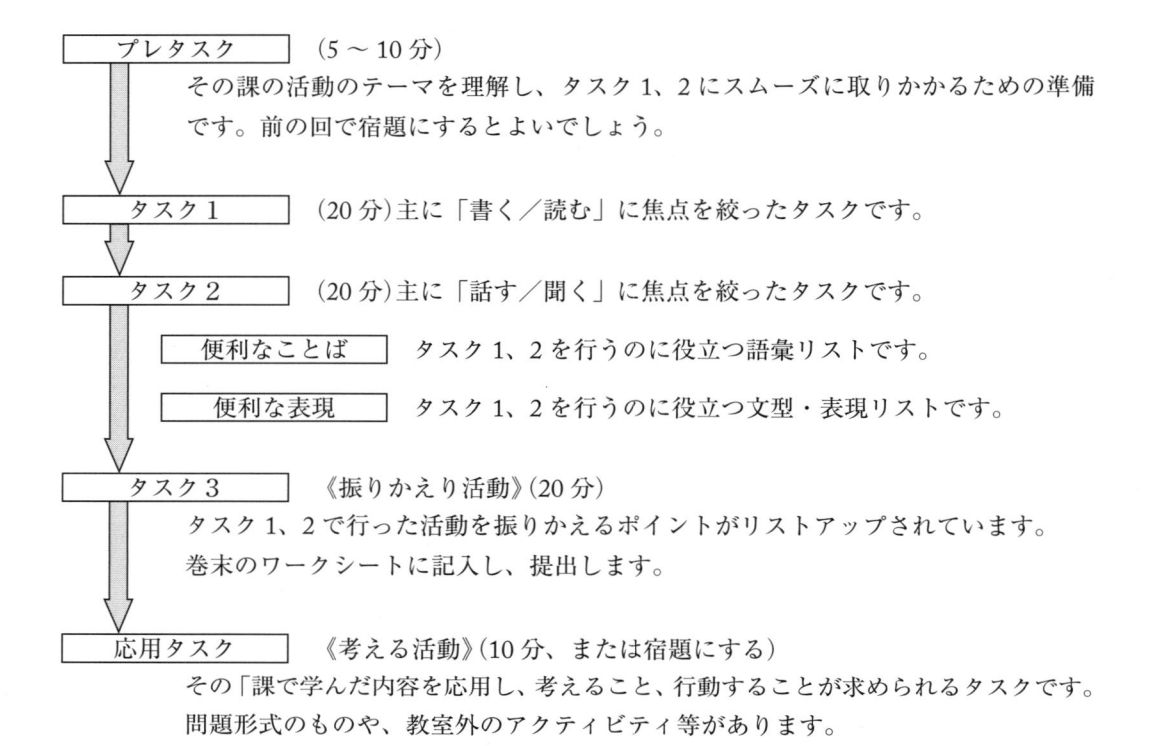

- **プレタスク** (5〜10分)
  その課の活動のテーマを理解し、タスク1、2にスムーズに取りかかるための準備です。前の回で宿題にするとよいでしょう。

- **タスク1** (20分)主に「書く/読む」に焦点を絞ったタスクです。

- **タスク2** (20分)主に「話す/聞く」に焦点を絞ったタスクです。

  - **便利なことば** タスク1、2を行うのに役立つ語彙リストです。
  - **便利な表現** タスク1、2を行うのに役立つ文型・表現リストです。

- **タスク3** 《振りかえり活動》(20分)
  タスク1、2で行った活動を振りかえるポイントがリストアップされています。巻末のワークシートに記入し、提出します。

- **応用タスク** 《考える活動》(10分、または宿題にする)
  その「課で学んだ内容を応用し、考えること、行動することが求められるタスクです。問題形式のものや、教室外のアクティビティ等があります。

- **日本語エクササイズ** 日本語力・文章力向上のための練習です。
  「ことばのエクササイズ」
    書きことばの語彙表現・間違えやすい表記のポイントを確認する練習です。
  「表現のエクササイズ」
    文・文章を書くときにつまずきやすい文型表現や、文章の構成に関するポイントを確認するための練習です。

- **提出用シート** 本文で扱った内容の練習問題です。

〈この本の使用の参考例〉

　この本は、1週間に1課、半期15週の授業での使用を基本的に想定していますが、目的に応じて、それ以外の使い方も可能です。以下にいくつかの参考例を示します。

1. 初年次の「基礎セミナー」「基礎演習」クラス等での基本的な使い方

課	指導・活動運営のポイント
1課 〜 6課	●重点を置くポイント…学習者同士の関係構築と自己目標の明確化 大学での学びへの転換をつぎの点に焦点を絞って強調する。 ◆大学という環境を「学習とキャリア設計のリソースとして能動的に利用する」という視点から検討し直す。 ◆各自のコミュニケーションを意識的に振りかえる。 →他者との会話そのものが苦手な参加者が多い場合 ◆ピア活動の対話モデルをもとに徐々に導入し、他者への建設的フィードバックによる相互貢献の側面を強調する。
7課	→学内図書館等の協力を得られる場合 ◆PCのある教室等で情報検索・書籍検索の導入も兼ねて行う。 →長い文章(新書1冊ずつ)等を読むことを課す場合 ◆7課の内容を、1、2課のあと等、前半の早い段階に移し、読解作業の準備時間(宿題の期間)を長く設けるとよい。
8課 〜 15課	●重点を置くポイント ①専門知識の分布把握 専門分野の基礎となる本や記事を分担してブック・トークとポスター発表を行うことで、発表やレポート作成のスキルを習得すると同時に、専門分野の知識の分布について把握できるようにする。 ②複眼的思考・批判的思考の導入 つぎの点に注目し、大学での知識構築的な学びの基礎を固める。 ◆指導教員自身の専門分野についての一般書・新書等を題材に、対立する意見・主張がどのように構築されているか。 ◆主張がどのような根拠によって支えられているか。 ◆多様な主張を比較検討することがなぜ重要か。 →発表内容の相互理解を通じた当該分野の基礎知識全体像の把握を最後の学習目標とするような課題設定が可能(ジグソー学習の応用)。

2. 「日本語表現法」「言語表現」等のクラスでの基本的な使い方

課	指導・活動運営のポイント
1課 〜 6課	●重点を置くポイント…他者に伝えるためのコミュニケーション ①個々の課題での言語表現の機能説明・訓練 ②各自の課題達成の振りかえりを通した自己評価 →適宜日本語エクササイズに関連した説明・訓練の比重を大きくする。
7課 〜 12課	●重点を置くポイント…文献の適切な利用方法 ①書かれている内容の正確な理解と要約 ②正しい引用、文章作成と点検 →9課のモデル…レポートではなく、応用例のレポート・モデルから他の型を選んで課題とすることにより、文章課題の難易度を調節することができる。
13課 〜 15課	●重点を置くポイント…文章点検能力の向上 →時間をかけて、点検ポイントが十分に身につくまで練習する。

3. 大学・大学院入試、編入学のための事前指導・キャリア支援のクラスでの使い方

課	指導・活動運営のポイント
1課〜6課	●**重点を置くポイント** ①志望先の情報の整理と各自の自己目標の明確化 ②他者の視点からの評価のシミュレーション →スピーチや志望動機書の内容を何度も練り直し、それを他者に説明することで、自分について語る際に「他者」を意識する重要性を理解させる。 →進み方の速さ：1課を2〜3コマ以上。
7課以降	→この課を省略、または、日本語エクササイズ部分のみ使用する。 →応用…志望先に関する情報を集めて、分野ごとのトークや発表を行う。

4. 大学2〜4年生のセミナーや演習等での副教材としての使い方

課	指導・活動運営のポイント
1課〜6課	→前半(1〜3課)から抜粋し、ゼミ参加者の関係構築のために利用する。 →後半(4〜6課)から研究計画書を作る過程のピア活動として適宜課題を利用する。
7課〜12課	●**重点を置くポイント**…ブック・レポート作成を通した正確な読解と要約、引用と評価・批判 　◆専門分野の概論や卒業論文の先行研究等を題材とし、特に8、9課に十分な時間をかける。 →ポスター発表ではなく、レジュメを用いた先行研究報告としてもよい。 →ブック・レポート課題は、より本格的な先行研究レビューを学習目標にすることも可能。
13課〜15課	●**重点を置くポイント**…書きことば、特に学術的な文章特有の表現についての理解と産出の訓練 　◆各課の日本語エクササイズの復習を通じ、文章の自己点検ポイントの習熟と点検の習慣化を目指す。 　◆教科書のエクササイズに加えて、より学術的な表現を扱う。

第Ⅰ部で学ぶこと

【活動１】
「自己PR」（自己紹介、スピーチ「私のおすすめ」「私とX大学」志望動機書／学習（研究）計画書（１〜６課））

第Ⅰ部では、
- 自己紹介やスピーチに取り組むことで、背景が異なる相手に、より分かりやすく伝わるように話すことを学びます。
- 志望動機書や 学習（研究）計画書を作成します。

> どの課でも、日本語エクササイズを通して、分かりやすく、正確に書くためのポイントを学びます。

1課 オリエンテーション

目標
この授業で何を学ぶかを知る

情報や自分の考えを表現・伝達する力は、大学生のときだけでなく、卒業してからも必要な力である。この課ではマップを使って自分の考えや知識を可視化し、効果的に自己紹介する方法を学ぶ。

> この授業って、いったい何をするの？ちょっと心配。

プレタスク　自分の言語活動を振りかえる

今までの自分の言語コミュニケーション活動(話す・聞く・読む・書く)を振りかえって、提出用シートにつぎの質問の答えを記入しよう。

1)この1週間であなたが読んだものは何ですか(複数回答可)。
　ア)メール　イ)ブログやホームページ　ウ)SNS(twitter、Facebook、LINE等)やインターネットの掲示板　エ)教科書やプリント等、授業に関するもの
　オ)小説等の本　カ)新聞　キ)漫画・雑誌　ク)その他(　　　　　)

2)この1週間であなたが作成した文章は何ですか(複数回答可)。
　ア)メール　イ)ブログやホームページ
　ウ)SNSやインターネットの掲示板等のコメント
　エ)レポートや提出物等、授業に関するもの　オ)その他(　　　　　)

3)あまり親しくない人と2人きりの状況になりました。あなたならどうしますか。
　ア)積極的に自分から話しかける　イ)相手が話しかけてくれるのを待つ
　ウ)できることなら、なるべく話さない　エ)その他(　　　　　)

4)友だちの話を聞くときに、あなたが気をつけていることを書いてください。

タスク1　大学生にとって必要なコミュニケーションを考える

　大学生にとって必要な言語コミュニケーション活動(読むこと、書くこと、話すこと、聞くこと)にはどのようなものがあるだろうか。それぞれの場合について、できるだけたくさん挙げてみよう。

　　ア)1年生の基礎・教養科目履修時　イ)専門科目履修時　ウ)4年生のとき

　　エ)課外活動(サークル活動、アルバイト等)　オ)就職活動時　カ)社会に出たあと

① まず、自分で考えてワークシートに記入する。
② 3人グループで、それぞれが書いたことを共有する。分からないところやもっと知りたいところがあったら、質問しあおう。

この授業の目的やルールについて

1)この授業の目的

　この授業の目的は、大学生として必要な、コミュニケーションのための日本語の力を伸ばすことだ。そのために、情報を整理し、取りこんで利用する力、それを表現する力をピア活動によってトレーニングする。特に、情報や自分の考えを書きことばで正確に伝えることができるように、日本語の文を正しく書く力をつけることに重点を置く。さらに、自分の書いた文章を点検する力をつける。

2)この授業で学習すること

- 情報や考えを効果的に伝える方法を学ぶ。たとえば、情報や考えをまとめたスピーチや発表を行い、さらに、それを他人に伝わるような文書・レポートにする。
- 情報の集め方や取り入れ方を学ぶ。具体的には、情報の探し方や整理のし方、本・記事の選び方、上手な質問のし方等である。
- 大学生の学習に必要な日本語の語彙や表現、文の作り方を学ぶ。
- ピア活動(お互いの考えを伝えあうことを通して、自分の文章やスピーチをよくする活動)のやり方を学ぶ。

3)この授業のルール(教師の説明を聞いて、書きこもう)

- 欠席や遅刻について：
- 成績評価について：

4)この授業のスケジュール(別紙配付資料または口頭説明等)

タスク2 「好きなこと自己紹介」をする

① 1課のワークシートの裏に自分の「好きなことマップ」(例1)を書こう。まず、自分の好きなことを書き出してみよう。小さなことでもよいので、どんどん挙げてみよう。

> ‖ポイント‖ 頭に浮かんだことは、すべて書いてみることが大切だ。「これはダメ」「これはつまらない」と判断しなくてよい。思っていることをどんどん広げていくことがマップの目的だ。

② 書いたことばに関係のあることばをさらに書いて、つなげていく((例1)の実線)。

③ 書いたことばをよく見て、同じことや関係しているところを線でつなげていく((例1)の点線)。

④ マップの中で、クラスメートに最も知ってもらいたい物や人はどれか。クラスメートにとって新しいことで、かつ興味を持ってもらえそうなことを選んでみよう。

⑤ ペアでお互いのマップを見せあいながら、④で選んだことを中心に自己紹介をする(1人1分)。

⑥ 相手の自己紹介の中で興味を持ったところやもっと知りたい点は何か。便利な表現を参考にして質問しあおう(1人1分)。

⑦ 2つのペアで4人のグループを作り、⑤⑥で自己紹介を聞いた相手について、他のペアに紹介する(1人1分)。

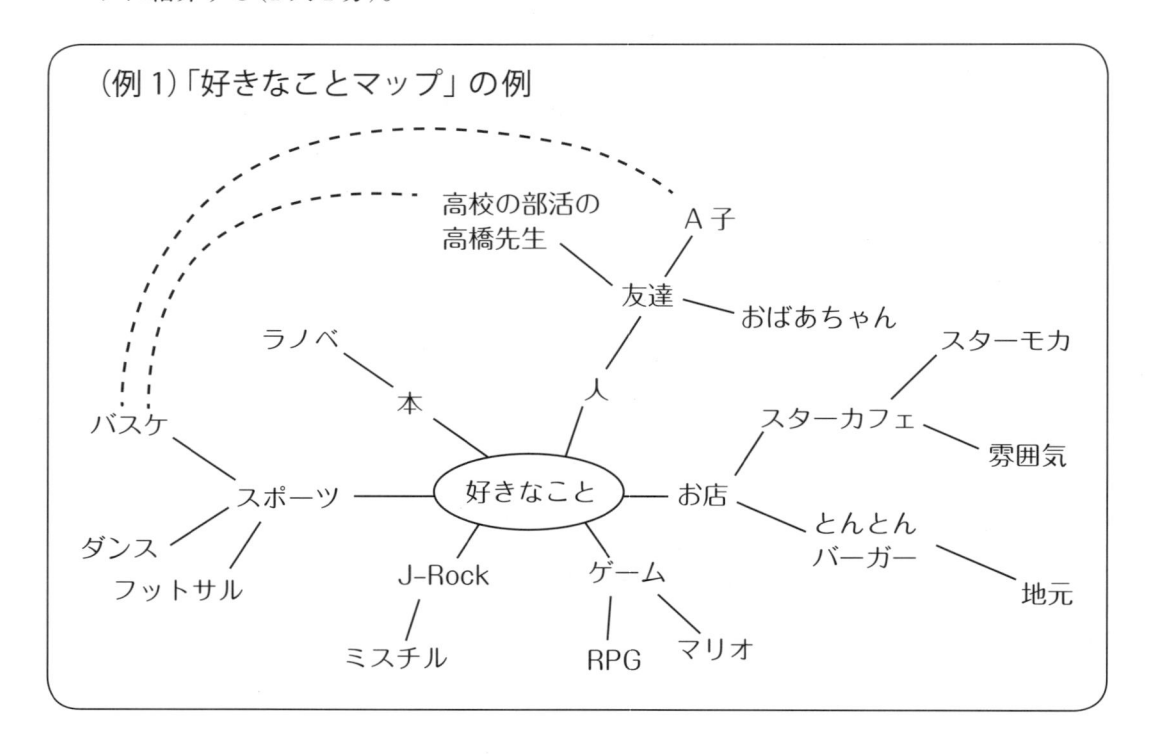

(例1)「好きなことマップ」の例

好きなこと ─ 人 ─ 友達 ─ A子／おばあちゃん／高校の部活の高橋先生
好きなこと ─ 本 ─ ラノベ
好きなこと ─ スポーツ ─ バスケ／ダンス／フットサル
好きなこと ─ J-Rock ─ ミスチル
好きなこと ─ ゲーム ─ RPG／マリオ
好きなこと ─ お店 ─ スターカフェ ─ スターモカ／雰囲気
好きなこと ─ お店 ─ とんとんバーガー ─ 地元
(点線:バスケ─高橋先生─A子)

> 便利な表現

【5W1Hの質問】 質問するときに、「５W１H」と言われる「When（いつ）、Where（どこで／どこに）、Who（誰が）、What（何を／何が）、Why（なぜ／どうして）、How（どう／どんな）」を使うと、うまく質問できる。たとえば、つぎのような質問が考えられる。

- **いつ**：いつからそれが好きになったのですか。
- **どこで／どこに**：それはどこで～できますか。（例：見られますか、手に入れられますか）
- **誰が**：それは誰が作ったものですか。
- **何を／何が**：その店のおすすめメニューは何ですか。
- **なぜ／どうして**：なぜ、それが好きなんですか。
- **どう／どんな**：どんな点が好きなんですか。～についてどう思いますか。

〈説明のモデル〉

　下の例は、ある学生が行った「好きなこと自己紹介」である。もちろん、これ以外にも、さまざまな自己紹介のし方があるが、いくつかの基本的なポイントを確認してみよう。説明を読んで、右側の（　）に入るポイント・工夫を考えよう。

説明の例	ポイント・工夫
田中かおりです。出身は徳島県です①。 　私が好きなことはダンス、ライブ、お笑い等いろいろありますが、今日はダンスについて話します②。 　みなさんは、ダンスっていうと、どんなダンスを思い浮かべますか？③…わたしはダンスなら何でも、ヒップホップからフォークダンスまで、大好きです。でも、一番好きなのは、実はダンスというよりは「踊り」、阿波踊りなんです。阿波踊りの魅力は何といっても、…です④。私は徳島で２歳の頃から…⑤ 　というわけで、阿波踊りが好きな徳島出身、田中かおりです⑥。よろしくお願いします。	①名前＋（　　　　）が聞きたいことを考えて話す。 ②まず、（　　　　）を言う。 ③聞き手に（　　　　）る。 ④好きな（　　　　）をいくつか挙げる。 ⑤具体的な例や（　　　　）を入れる。 ⑥最後に（　　　　）。

タスク3　活動を振りかえる

今日の授業を通して学んだことを振りかえり、ワークシートに書きこもう。

> えーっと、好きなことはラーメン食べ歩きです。それから、フットサルも好きで…

> 僕もラーメン好き！ラーメンって、スープは魚介系？どの辺の店に行くの？そこのところ、もっと知りたい！

1) **プレタスク** のアンケートに答えることによって、自分の言語生活について思ったこと、考えたことは何か。
2) 「なぜ日本語コミュニケーションを学ぶのか」について振りかえろう。
① この授業で何を学ぶのか。
② この授業で学ぶことは、いつ、何に役立つのか。
3) **タスク2** の自己紹介で、自分がうまくできたことは何か。また、うまくできなかったことは何か。

宿題　「私のおすすめマップ」を書く

2課 **タスク1** の①②を完成させる（2課のワークシートの裏、または別紙に書く）。

応用タスク　文章を書く

つぎのタイトルから1つ選んで文章を書いてみよう。自分の考えや意見を理由とともに展開してみよう。
A：「コミュニケーションについて思うこと」
B：「この授業で学びたいこと」
C：「大学生活で身につけたいこと」
D：「〇〇学（自分の専門分野）を学ぶと、何ができるようになるか」

日本語エクササイズ

▶ ことばのエクササイズ【オリエンテーション】

‖問題‖ つぎの文の（　）の中に入れるのに、最も適切だと思うことばを【　】から選びなさい。なぜそのことばが適切なのか考えてみよう。
【おなか、ぽんぽん、はら、腹部】
① 〈ひとりごとで〉　（　　　）へった〜。
② 〈2歳のこどもにお母さんが〉　どうしたの？　（　　　）痛いの？
③ 医者：どうしましたか。　患者：きのうから（　　　）が痛いんです。
④ 〈学術論文〉　肝臓のこの症状は（　　　）の超音波検査によって発見することが可能である。

　私たちはコミュニケーションの際に、相手や場面を考慮し、その場でことばを使い分けている。友だち同士のくだけた会話で使われることば、改まった場で使われることば、主に書くときに使われることばなどを自由に使い分けることができれば、自信を持って生活できるだろう。この本の「ことばのエクササイズ」では、主に大学における学習に必要な、改まった場やジャンルで使われることばを学ぶ。

▶ 表現のエクササイズ【オリエンテーション】

‖問題‖ つぎのジャンルの文章を書くとき、「A：情報を客観的に間違いなく伝える」ことと「B：読み手の心を動かしたり感動させたりする」ことの大切さの占める割合を考えてみよう。（直感で答えてよい）

　　例）ラブレター　　　　　　　　　　　A　　5 ％　B　　95％
　　①小説　　　　　　　　　　　　　　　A＿＿＿％　B＿＿＿％
　　②作文　　　　　　　　　　　　　　　A＿＿＿％　B＿＿＿％
　　③新入生サークル説明会の掲示文　　　A＿＿＿％　B＿＿＿％
　　④就職のエントリーシート（志望動機書）A＿＿＿％　B＿＿＿％
　　⑤大学で書くレポートや論文　　　　　A＿＿＿％　B＿＿＿％

〈オレ、つっこみペンギン。よろしく！〉

　この問題で考えたように、文章には、主に2つの目的がある。この「B：読み手の心を動かしたり感動させたりする」割合が大きいジャンルでは、文章の「うまさ」や表現の独創性が重要だ。読み手の心を動かすには、ありきたりな表現では難しい。しかし、大学生活では、実は「A：情報を客観的に間違いなく伝える」割合の大きいジャンルの文章を書くことが多い。たとえば、レポートや論文などはAの割合が大きい。そこで、この本では、「情報を客観的に間違いなく伝える」文の書き方をマスターする。「うまい文」より、まずは「分かる文」「誤解されない文」を書けるようになることが大切だ。

2課 自己PR ❶ 自分を伝える

目標　話したい内容を整理し、相手に伝える

　自分の言いたいことを言いたいように伝えるだけでは、効果的な自己PRにはならない。大切なことは、聞き手はどのような人なのか、聞き手は何を求めているのか等を推測し、それに合わせて話し方（伝え方）を演出することだ。

（聞いてくれる人は何が知りたいんだろう？）

プレタスク　効果的な自己紹介を考える

　つぎの①②は、ある授業でのAさんとBさんの自己紹介である。それぞれの自己紹介の話し方の長所と短所を挙げてみよう。また、AさんとBさんのどちらの自己紹介が印象に残るだろうか。それはなぜだろうか。ペアで思ったこと、感じたことを話そう。

① Aさんの自己紹介

　Aと言います。出身は埼玉県です。経営学科1年です。好きなことは、ゲーム、サッカー、フットサルです。好きなチームは浦和レッズ、好きな選手は吉田です。野球も好きです。ジャイアンツを応援しています。えっと、それから、最近ラーメン食べ歩きにはまってます。それから、好きな漫画は「ワンピース」です。好きなミュージシャンはミスチル。よろしくお願いします。

② Bさんの自己紹介

　Bです。出身は大阪です。大阪ですが、ボケもツッコミもできません。とはいうものの、小さい頃から新喜劇を見て育ち、お笑いは何でも大好きです。最近の一押しは「ボンボンリサー

チ」です。知っている人いますか？「ボケとツッコミ」の普通の漫才からはじまって、突然「ツッコミとツッコミ」「ボケとボケ」という、今まで見たことのないような漫才をやるんですよ。ぜひ、ネットとかで検索してみてください。ボンボンリサーチでした。じゃなくて、Bでした。

タスク1 「私のおすすめマップ」を書く

つぎの手順で「私のおすすめマップ」を書き、説明の準備をしよう。

① ワークシートの裏の中央に、クラスメートに最もすすめたい物や人等の名前を1課で作った「好きなことマップ」から選んで書く。
② そのまわりに線を引いて、その「おすすめ」を説明することばや文を、どんどん挙げる。どんな特徴や魅力があるのか、また、なぜそれがよいのか、なぜそれをすすめたいのか、等も書く。1つのことばを書いたら、関係のある別のことばをつなげていく。
③ 「私のおすすめ」について2分間で説明するために、話す内容を絞りこむ。最も言いたいことを考えて、話す順番も工夫する。この課の 便利なことば も使ってみる。
④ 印象に残りやすい表現を「キャッチフレーズ(聞き手の印象に残るような簡潔な表現)」にまとめる。
⑤ 2分間で最後まで話せるかどうか、時間を計って練習する。

(例1)「私のおすすめマップ」の例

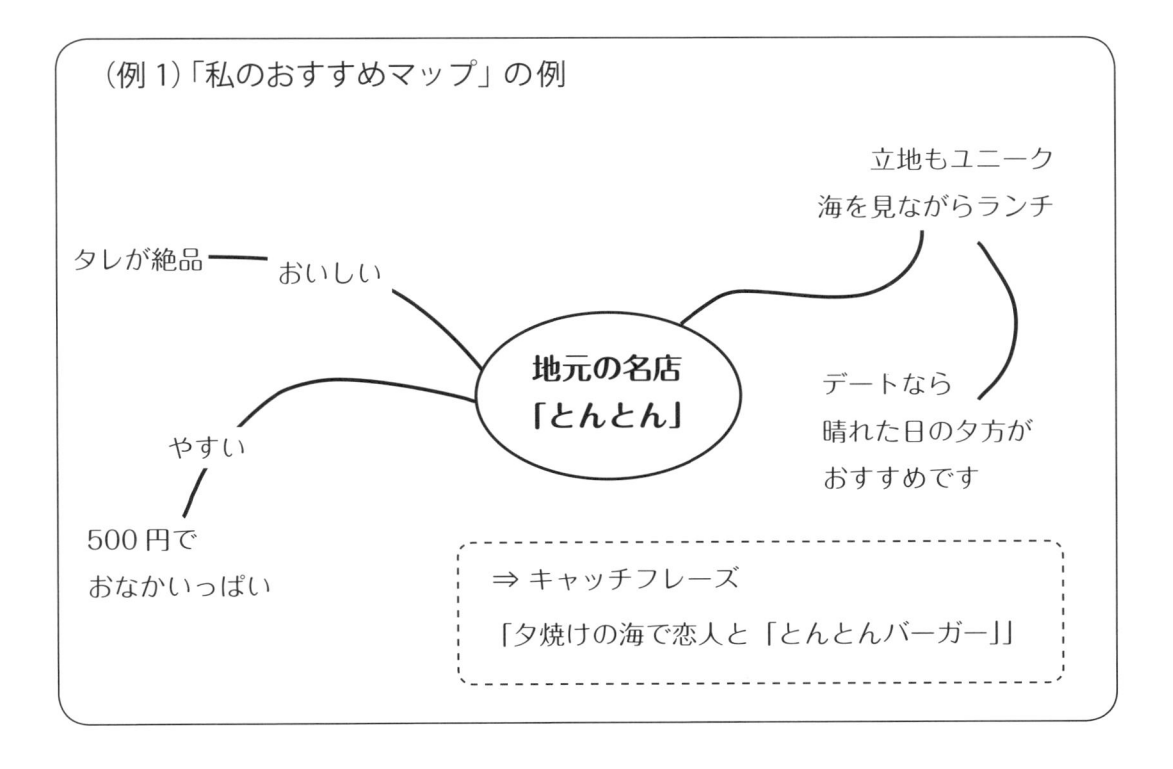

タレが絶品 ── おいしい
立地もユニーク
海を見ながらランチ

地元の名店「とんとん」

デートなら晴れた日の夕方がおすすめです

やすい
500円でおなかいっぱい

⇒ キャッチフレーズ
「夕焼けの海で恋人と「とんとんバーガー」」

タスク2 「私のおすすめマップ」をお互いに説明する

つぎの手順で、タスク1 で準備した「私のおすすめマップ」について、お互いに説明し、質問をしよう。

① クラスメートとペアになる。名前をワークシートに書きあう。自己紹介し、お互いの誕生日を伝える。誕生日の早い人が先に話し手、遅い人が聞き手になる。
② 話し手は、「私のおすすめマップ」を見せながら相手に2分間説明する。
③ 聞き手が1分間質問する。必要に応じて 便利な表現 (p.5、p.11)を使うとよい。
④ 話し手は、質問に答えながら、さらに説明を加える。
⑤ 聞き手は話し手の説明のよかったところ、改善点を考えて、相手に伝える。
⑥ 話し手と聞き手の役割を交替して、②〜⑤を繰りかえす。新たに話し手になった人は、自分が聞き手のときに指摘した内容を思い出して、説明のやり方を変えてみる。どこを改善すればよいか分からなければ、さきに次頁の〈説明のモデル〉を読んで参考にしてもよい。
⑦ ワークシートに相手から提案された改善点をメモする。

‖ポイント‖ 説明に必要なこと

1課では、質問するときに便利な表現として「5W1H」を紹介した。「5W1H」は、説明するときにも、説明に必要な5つの要素として意識するとよい。「5W1H」とは「When（いつ）、Where（どこで／どこに）、Who（誰が）、What（何を／何が）、Why（なぜ／どうして）、How（どう／どんな）」の頭文字を表している。この要素をもっと詳しくしたのが、次頁の 便利なことば である。これらのことばを使うことで、具体的な情報を説明に盛りこむことができる。活動の中で、「5W1H」や 便利なことば を積極的に使ってみよう。

便利なことば

【5W1Hに関係することば】

いつ：場面　場合(ケース)　状況(シチュエーション)

どこで／どこに：場所　立地　交通の便(アクセス)

誰が：作者　製作者　経営者　企画者　(サークルの)リーダー

誰に：対象　ジャンル　客層　利用者　視聴者　読者　メンバー

何を／何が：作品　製品　商品　特産品　テーマ　活動

どんな：特徴　魅力　雰囲気　タイプ

どのように：方法　用途　戦略　楽しみ方　取り組み方

いくら：値段　価格　コスト

便利な表現

【人や物の特徴等を尋ねる質問】

◆ それは、どんな人(タイプ／ケース)…に向いているんですか。

◆ たとえば、どんな特徴(魅力／用途)…があるんですか。

〈説明のモデル〉

　下の例は、ある学生の「私のおすすめマップ」についての説明である。もちろん、これ以外にも、さまざまな説明の形があるが、いくつかの基本的なポイントを確認してみよう。説明を読んで、右側の(　)に入るポイント・工夫を考えよう。

説明の例	ポイント・工夫
私の地元の町で人気のハンバーガー店、「とんとん」について説明します。キャッチフレーズは「夕焼けの海で恋人と『とんとん』バーガー」です①。 　デートのとき、お店を探すのが大変ですよね。値段が高すぎても、こまるし…。安くて、おなかがいっぱいになる店って、なかなかないですよね②。 　その点、「とんとん」は…　私も、月に3度は、特に、お金がないけどボリュームのあるものが食べたいときに、利用しています③。… 　でも、安くても、雰囲気が悪いと、デートには向かないですよね。その点でも、「とんとん」は…④。 　というわけで、安くておなかがいっぱいになり、雰囲気もOKの「とんとん」が私の一番のおすすめです⑤。	①話題と(　　　)を最初に明確にしている。 ②聞き手に(　　　)て、共感を引き出している。 ③自分の体験・エピソード等を入れて(　　　)を説明する。 ④別の特徴をはっきり(　　　)。 ⑤最後にまとめる。

タスク3　活動を振りかえる

今日の「説明して伝える」という活動を通して学んだことを振りかえり、ワークシートに書きこもう。

1) 自分の説明について
- 分かりやすく伝えるために、どんな工夫をしたか。
- 印象に残る表現（キャッチフレーズ）が使えたか。
- 相手の興味に合わせて説明を調整できたか。
- 説明を改善するために何ができるか。

2) 相手の説明について
- どんな説明が印象に残ったか。
- 相手はどんな工夫をしていたか。

3) 気づいたことや学んだことについて
- 分かりやすい説明のポイントは、どの聞き手にとっても同じだろうか。
- 分かりやすい説明とそうではない説明の違いは何か。
- 活動を通して学びあうことは、1人で学ぶことと、どのように違うだろうか。

> すごいんだよ！
> おもしろいんだよ！

> すごく好きなんだね。
> 気持ちだけは伝わってくるよ。

宿題　「私とX大学マップ」を作成する

3課 タスク1 の1)「私とX大学マップ」を別紙に作成する。

応用タスク　表現の違いを考える

つぎのA、Bの説明を読んで、①から③について考えよう。

A「ユニシロのインナーって、このごろわりとおしゃれになったけど、前より高くなっちゃったから、わたしはもう買わない。」

B「本報告では、ユニシロのインナーの販売戦略について分析します。最近は若い客層向けのデザインに移行していましたが、以前に比べて価格帯が上がったため、ターゲットはより高い年齢層になったようです。」

① AとBの違いは何だろうか。
② Aのような説明が必要な場面、Bのような説明が必要な場面には、それぞれどのようなものがあるだろうか。
③ Bのような説明をするために必要なことは、何だろうか。

日本語エクササイズ

▶ ことばのエクササイズ【書きことば的表現（文末表現）】

‖問題‖ 日本語には、敬体（例：学生です／行きます）を使う場合と常体（例：学生だ／学生である／行く）を使う場合がある。下の①～⑨を、敬体と常体、「話すもの」「書くもの」に分け、表に分類しなさい。

①目上の人やはじめて会った人などとの改まった会話　②友だち同士などのくだけた会話　③発表やプレゼンテーション　④ＴＶのニュース　⑤仕事上でのＥメール　⑥仲のよい友だちへのＥメール　⑦新聞のニュース　⑧論文・レポート

	敬体（例：学生です／行きました）	常体（例：学生だ／学生である／行った）
話すもの		
書くもの		

一般的に、レポート・論文といった改まった文章では、常体（例：学生だ・学生である・行く）を使用する。敬体を混ぜないようにしよう。

また、書かれたものの中でも、上の表の⑦⑧は、より改まった書きことば的表現を用いるので、日常的な表現を用いる⑥とは大きく異なる。この本では、⑦⑧で用いる書きことば的表現を学習していく。

▶ 表現のエクササイズ【文の前半部分と後半部分の対応のチェック１】

例文の文頭の「×」は正しくない文、「○」は正しい文を表す。

‖問題‖ つぎの文の下線部を直しなさい。
×① 私のおすすめは、味も雰囲気もよい「とんとん」を推薦したいです。
×② 私のサークルの問題点は、人数が多すぎる。

「おすすめ」は何やねん？

①と②の文は前半と後半が合わない文だ（ねじれている文とも言う）。

①は、私のおすすめはという前半部分に対して、推薦したいですという後半部分が合わない。②は、私のサークルの問題点はという前半部分に対して、人数が多すぎるという後半部分が合わない。それぞれ、つぎのようにすると、文の前半と後半が合っている文になる。

○① 私のおすすめは、味も雰囲気もよい「とんとん」です。
○　 私は、味も雰囲気もよい「とんとん」を推薦したいです。／おすすめします。
○② 私のサークルの問題点は、人数が多すぎること／点である。

文を書いたら、必ず文の前半と後半が合うかどうかをチェックしよう。特に、一文が長くなると、間違えやすい。

→提出用シート２課　ことばのエクササイズ、表現のエクササイズをやってみよう。

3課 自己PR❷ 情報を整理する

目標 　　　　必要な情報を整理する

　自分の大学について知っていることは何だろうか。そして、あなたは大学で何ができるのだろうか。大学生活を充実したものにするには、「戦略的に大学を利用する」という意識を強く持つとよい。そのために、大学の情報を収集し、「自分は大学で何をすべきか」を検討してみよう。

「このままじゃ、頭の中がぐちゃぐちゃだ。」

プレタスク　「私とX大学マップ」の情報を整理する

　（例1）はAさんが書いた「私とX大学マップ」である。いろいろなことばをよく見て、関係がありそうなところを線でつなげ、そのまとまりごとに、（例1）の 専門課程 のような小見出し（ラベル）をつけてみよう。

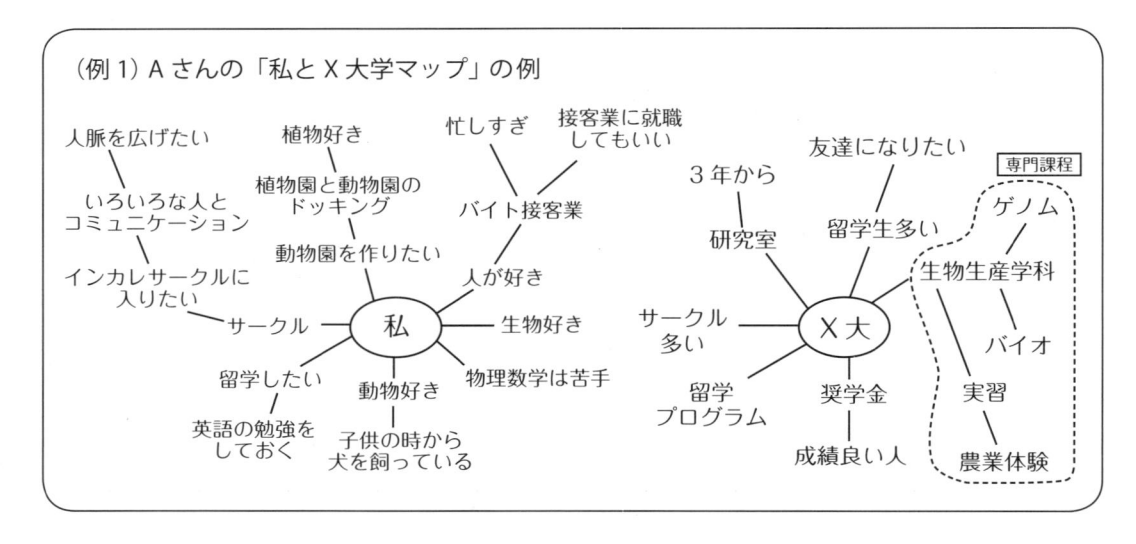

（例1）Aさんの「私とX大学マップ」の例

- 人脈を広げたい
- いろいろな人とコミュニケーション
- インカレサークルに入りたい
- サークル
- 留学したい
- 英語の勉強をしておく
- 植物好き
- 植物園と動物園のドッキング
- 動物園を作りたい
- 動物好き
- 子供の時から犬を飼っている
- 忙しすぎ
- バイト接客業
- 人が好き
- 生物好き
- 物理数学は苦手
- 接客業に就職してもいい
- 私
- 3年から研究室
- サークル多い
- 留学プログラム
- 奨学金
- 成績良い人
- 友達になりたい
- 留学生多い
- X大
- 専門課程
  - ゲノム
  - 生物生産学科
  - バイオ
  - 実習
  - 農業体験

タスク1 「私とX大学マップ」の説明の準備をする

　自分が大学で何を学ぶことができるのかを明確にするために、「私とX大学マップ」を作ってみよう。

1) マップを書こう。

① 紙の中央に、「私」と「X大学」という2つの丸を書く。

② つぎに、「私」から思いつくことばを書いて、そこから関係のある別のことばをさらに加えて線でつなげていこう。たとえば、好きなこと、得意なこと、私の将来の夢や予想、私の行動の特徴、私にとって大切なこと等を具体的に書きこんでみる。

③ 「X大学」について知っていることを書いて、そこから思いつくことばをさらに線でつなげていきながら書く。たとえば、その大学の特徴や魅力、学べること等を書こう。また、その大学の具体的な利点・欠点を考えてみよう。情報が足りないときは、大学の案内書やホームページを見たり、先輩に話を聞いたりしてみよう。

2) つながりを考えよう。

① 「私」から出たことばをよく見て、関係がありそうなところを線で結び、まとまりごとに小見出し（ラベル）をつける。「X大学」から出たことばも同様にする。さらに、まとまりとまとまりの間で関係のあるところを線でつなげよう。

② 左の「私」から出たことばと、右の「X大学」から出たことばの関係がありそうなところを線でつなげてみよう。たとえば、「私」の好きなことと「X大学」の特徴とは、どこでつながるだろうか。

③ 書きこんだ「私とX大学マップ」を見て、「私」と「X大学」のつながり方について気がついたことを、マップの中に書いてみよう。「私とX大学とは、"人間への興味"というキーワードでつながっている」等、つながり方や関連のし方に特徴はないだろうか。やや抽象的なことばも使って、「私とX大学」の関係性を表してみよう。
（ 便利なことば 参照）

④ 「なぜ私はX大学で学びたいのか」もしくは「私はX大学で何が学べるのか」を考えてみよう。

タスク2 「私とX大学マップ」を説明する

　4課では、「私とX大学マップ」をもとに、「なぜ私はX大学で学びたいのか」、または「私はX大学で何が学べるのか」というテーマで、自己PRのスピーチをする。

　スピーチの際には、聞き手は何を知りたいのか、何を求めているのかを考えることが大切だ。

つぎの手順で、タスク1 で準備した「私とX大学マップ」をお互いに説明したり、質問したりして、聞き手は何をスピーチしてほしいのかを知ろう。

① 2人でペアを作り、話し手と聞き手になる。
② まず話し手が、マップを見せながら説明する。
③ 聞き手はマップを見ながら話し手に以下の質問をする（次頁の〈質問と説明のモデル〉参照）。
　「いちばん言いたいことは、つまり〜ということですか。」
　「どうしてそう思うんですか。」「たとえばどんなことですか。」
この他、もっと聞きたいと思ったことを、話し手に伝える。
④ 話し手は、聞き手から受けた質問や聞き手が「もっと聞きたい」と言ったことをワークシートにメモしておく。
⑤ ペアを替えて②〜④の活動を、数人と行う。

> ‖ ポイント ‖ 相手の言いたいことをよく「聞く」ためには
> 　話し手は、相手に語りかけるように時々相手の顔を見ながら話すことが大切だ。そして、聞き手は、話し手の顔を見ながら、まずは相手の言いたいことを受け入れる気持ちで聞く。うなずく、あるいはあいづちを入れる等しながら聞くと、話し手に安心感を与える。聞き手が話し手の方を見なかったり、無反応だったりすると、相手に「あなたの話には興味がない」「あなたの話はつまらない」という意味に受け取られてしまうこともある。また、もっと知りたいところ、質問したいことを探しながら聞く。必要に応じてメモを取るとよい。

〜〜〜〜〜〜〜〜〜〜〜〜〜〜〜〜〜〜〜〜〜〜〜〜〜〜〜〜〜〜〜〜〜〜

便利なことば

【自分のことを説明することば】　興味の対象　最近　関心のあること　自分には〜という傾向がある　将来の夢／希望　志望動機　職業　就職　業界　分野　特徴　性格　私の強み・弱み　長所・短所　私は〜に向いている　（幼い／高校生の）頃　人材　発揮する　挑戦する　目標

【大学のことを説明することば】　授業　施設　理念　学問　研究　研究室　ゼミ　専攻　コース　カリキュラム　所属　学問分野　先輩　卒業生　実習　資格　養成　人間関係　コミュニティ　ネットワーク　〜の力をつける　〜に役立つ　国際交流　活躍する

【自分と大学のつながりを説明することば】　関連(性)／つながり　がある　キーワード　共通性　〜という面を利用する　〜という点が有効である　向上につながる

便利な表現

【あいづち】　はい／そうですか／なるほど／へえ／(黙ってうなずく)
【分からないことばを聞く】　～って何ですか。
【例を尋ねる】　たとえば／具体的には、どんなことですか。
【話の内容を確かめる】　(一番言いたいことは)つまり～ということですか。

〈質問と説明のモデル〉

説明の例	ポイント・工夫
話し手：…以上です。では、質問をお願いします①。	①質問を促す。
聞き手：ええと、Aさんが一番言いたいことは、つまり、Aさんの将来の夢は植物園と合体した動物園を作りたい、そのために、大学在学中に植物園のことが学べるイギリスへの留学をしたいということですか②。	②話し手の話を自分が正しく理解しているかどうか（　　　　）する。
話し手：ええと、大学生のときに留学したいんじゃなくて、大学院に進んで、そのときに留学したいんです③。	③誤解があれば、（　　　）する。
聞き手：ああ、そうですか④。	④（　　　　）を打つ。
話し手：それから、生物生産学科での実習や研究をしっかりして、動物園のノウハウが身についたらいいなと考えてます。	
聞き手：ノウハウ⑤？	⑤分からないことばの意味を聞く。
話し手：ええと、ノウハウっていうのは、やり方という意味です。	
聞き手：動物園のノウハウって具体的にはどういうことですか⑥。	⑥抽象的で分かりづらかったら、（　　　　）に説明してもらう。
話し手：具体的にはですね、…。	

タスク3　活動を振りかえる

　今日の「私とX大学マップ」を説明するという活動を通して、学んだことを振りかえり、ワークシートに書きこもう。ピア活動は、いろいろな原因でうまくいかないこともあるが、がっかりせずに、原因を分析して、つぎに生かせばよい。

（ここ、具体的にはどんなこと？）

（そうか、具体例が必要か。）

1) 自分の説明と聞き手からの質問について
- 分かりやすく伝えるために、どんな工夫をしたか。
- 相手のどんな質問が、自分のスピーチの準備に役立つと感じたか。

2) 相手の説明について
- 相手はどんな工夫をしていたか。
- 相手のスピーチの準備のために役立つような質問ができたか。具体的にはどんな質問が役立ったと思うか。

3) 気づいたことや学んだことについて
- 質問をしあう活動は、スピーチの準備にどのように役立つだろうか。
- 活動を通して学びあうことは、どのような意味があるのだろうか。
- ピア活動はうまくいったと思うか。うまくいかなかった場合、次回はどのようにすればよいと思うか。

宿題　自己PRスピーチを練習する

4課の「なぜ私はX大学で学びたいのか」もしくは「私はX大学で何が学べるのか」というテーマでの自己PRスピーチ（2分）を練習する。

応用タスク　インタビューをする

「私とX大学マップ」をもっと充実させるために、X大学についての情報をインタビューを実施して収集してみよう。

① 誰にインタビューしたらよいだろうか。自分にとって必要な情報を持っている人は誰だろうか。
② どういう手順でインタビューを実施したらよいだろうか。
③ ①②で考えたことをもとに、インタビューを実施してみよう。
④ インタビューしたことをクラスで報告しよう。

日本語エクササイズ

▶ ことばのエクササイズ【書きことば的表現（名詞と動詞）】

‖問題‖ 日常生活で使う簡易な表現と、改まった場面やレポートなどで使う書きことば的表現を使い分けられるようにしよう。下の表中の、日常的に使われる表現に対応する、より改まった書きことば的表現を考えて、空欄に書きなさい。

日常的に使われる表現	より改まった書きことば的表現	日常的に使われる表現	より改まった書きことば的表現
①値段		⑥比べる	
②かかるお金		⑦売る	
③使いみち		⑧違う	
④お客さんの種類		⑨違う点	
⑤この報告		⑩同じ点	

▶ 表現のエクササイズ【文の前半部分と後半部分の対応のチェック2】

‖問題‖ つぎの文は文の前半の □ 部分と後半の ___ 部分がうまく対応していない。後半部分をどのように変えればよいだろうか。

× 我々ダンス部の幹部学年とそれ以下の学年のコミュニケーション不足をどう改善するかというアイディアは、3週間の募集期間があったにもかかわらず、1年生や2年生からではなく、結局、幹部学年である3年生だけだった。

「アイディア」は何やねん？

　前半部分と後半部分をつなげて「アイディアは」「3年生だけだった」と考えると、合わないことに気づくだろう。

○ 我々ダンス部の幹部学年とそれ以下の学年のコミュニケーション不足をどう改善するかというアイディアは、3週間の募集期間があったにもかかわらず、1年生や2年生からではなく、結局、幹部学年である3年生から出されただけだった。／3年生からのものだけだった。

とすると、前半部分と後半部分が合うだろう。

　また、一文が長すぎると、前半部分と後半部分が合わない文（ねじれている文）になりがちである。前半部分と後半部分が合わない文を書かないようにするには、①書いたあとに前半部分と後半部分がうまく合っているかどうかをチェックする、②一文を長くしすぎない、の2点を心がけよう。

→提出用シート3課　ことばのエクササイズ、表現のエクササイズをやってみよう。

4課　自己PR❸　スピーチの準備をする

目標
整理した情報を使って伝える

　大学にいる間に大きく成長する人は、「大学」という環境をさまざまな角度から上手に「利用」している。自分は、そして、まわりの人は、どのように利用しようとしているだろうか。自分が所属する（あるいは入学を希望する）大学についての情報を集め、他大学と比較することで発見した「この大学の利用法の可能性」を、伝えあってみよう。そこには、大学生活を豊かにするためのヒントがたくさんあるはずだ。

　　　　　　　　　　　　　　　　　　　　大学でしたいことって
　　　　　　　　　　　　　　　　　　　　何だろう？

プレタスク　スピーチの練習をする

　つぎのように、宿題で準備してきたスピーチの内容を確認しよう。
①各自のスピーチを制限時間内(2分)で、一斉に行い、練習する。
②下の「ポイント」を参考にして各自で自分のスピーチを振りかえってみる。

‖ポイント‖
①制限時間で終わることができたか。
　スピーチでは前半をゆっくり話してしまったために、後半で時間が足りなくなることが多い。前半はなるべく簡潔にして、後半の重要なところに時間をかけられるように調整しよう。
②流れが悪いところはなかったか。
　メモを見ないと続きが思い出せない部分は、前後の流れがうまくつながっていない箇所であることが多い。自然につぎの話が出てくるように流れを工夫しよう。

タスク1　スピーチの内容を検討する

つぎの手順で、各グループでメンバーのスピーチを検討しよう。

① 3、4人のグループに分かれる。

② 自己紹介をして、下記の役割A、B、C、Dを決める（3人の場合はBとCを兼任する）。

A：スピーチをする。

B（計時係）：携帯電話等で2分計る。

C（再生係）：Aのスピーチの終了後、理解した内容をもう一度自分のことばで繰りかえして確認する。そのために、スピーチを聞きながらワークシートにメモを書く。

D（コメント係）：AのスピーチとCの再生を聞き、ワークシートにメモを書く。メモをもとにAにコメントをする。

③ 最初にA（スピーチ担当）からスピーチする。B（計時係）は2分計り、C（再生係）は再生のために内容のメモをワークシートに書く。D（コメント係）は、態度や話し方（声の大きさ、視線の配り方等）や内容・構成で気づいた点をワークシートに書く。

④ C（再生係）が再生し、D（コメント係）がコメントを書く。Aが終わったら、Cはメモをもとにaのスピーチ内容を再生する（次頁の〈再生モデル〉参照）。Aは、自分のスピーチの内容が適切に伝わったかどうかを、Cの再生を聞くことで確認する。D（コメント係）は、AとCの会話を聞いて、話し方、内容・構成について、よいと思った点と改善すべき点をそれぞれ理由とともにワークシートに書く。

> ‖ポイント‖ 相手の話を再生する活動の意味
>
> 　話し手としてスピーチをした直後に、聞き手の再生を聞くと、自分が話した内容がどのように伝わったのかが、その場で確認できる。聞き手がうまく再生できないところは、自分の話し方にあいまいさや説明不足等、何らかの問題があった可能性がある。
>
> 　また、聞き手としては、相手の話の内容を再構築して相手に伝える過程で、自分があいまいに理解していたところや間違って理解していたところをはっきりさせることができる。このように、再生は話し手と聞き手の双方のために有効である。

⑤ D（コメント係）がコメントを言う。メモをもとに、話し方と内容について気づいた点（説明不足のところ、関連が分からないところ等）を述べる。「よかった」だけでなく、どうしてそう感じたのかを必ずコメントに入れるようにする。

⑥ A〜Dの役割を時計回りで交替する。

〉〉〉

便利なことば

【スピーチの展開を示すことば】　まず　つぎに　さらに　また　それに加えて　この他に　最後に　まとめとして　前者　後者　前に述べた通り　後で詳しく説明する

【ネットワークに関することば】　ネットワークを広げる　紹介してもらう　～と知りあいになる　コミュニティを利用する　先輩に誘われる　～と面識がある　～のメンバーになる　～に行ってみる　～を～に活用する

【大学のシステム・施設を利用するためのことば】　サークル　説明会　ガイダンス　学内／学外　奨学金　キャリア・カウンセリング　進路指導　インターンシップ

【学習・体験のためのことば】　～する（～てみる）価値がある　～という意義がある　～という点がおもしろそう

便利な表現

【相手の言ったことを確認するための表現】　～と言っていました。　～ということですよね。　～を挙げていました。　～と（を）指摘していました。　～と～（と）を比較していました。　たしか…だったと思います。　～と言っていたと思います。

〉〉〉

〈再生モデル〉

　下の例は、Aのスピーチを聞いたCがその内容を再生しているときの会話である。右側の（　）に入るポイント・工夫を考え、再生の基本的なポイントを確認しよう。

C（再生係）の再生とA（スピーチした人）の答え	ポイント・工夫
C：まず、××さんが○○大学で学びたい理由として挙げていたのは、…という点ですよね。それから…ということも理由に入っていました①。 A：はい。 C：その後②、○○大学と▲▲大学の●●学部の特徴を比較して…。 A：あ、その前に…ということも理由のつもりで言ったんですが③。 C：え、そうですか。ああ、たしかにそれもありましたね。分かりました。で、○○大学と▲▲大学の違いは、前者は…ですが、後者は…ということで、そういう点が自分のしたいことと合っていると言っていました。そのあと、どうして××さんがそれをしたいか、という話でしたよね④。 A：はい。	①（　　　　）をはじめに確認する。 ②聞いた内容の（　　　）を示す語を入れる。 ③聞き手が（　　　）部分を補足する。 ④重要な点は話し手に（　　　　）しながら再生する。

> C：たしか、高校のときの…という経験がきっかけだった。そして、最後に○○大学で…ということをしてみたいという話だったと思います。
> A：そうです。はい、よく分かってくださったみたいで、うれしいです。ありがとうございました⑤。

⑤聞き手にお礼の挨拶をして終わる。

タスク2 スピーチの代表を選ぶ

5課では、各グループから選ばれた代表1名がスピーチを行う。メンバーの中で、最もよかったと思う人をグループ代表として選び、ワークシートにその理由を書こう。

タスク3 活動を振りかえる

グループのメンバーのスピーチを聞き、コメントしあったことを振りかえり、ワークシートに記入しよう。

1)話し手として
- 実際にスピーチしてみて、うまくいったことは何か。
- うまくいかなかったことは何か。
- 聞き手が再生するのを聞いて、どのような改善のヒントが見つかったか。
- 聞き手からのコメントで役立つと思ったものは、どのようなものだったか。なぜ、そう思ったのか。

2)聞き手として
- よいと思ったスピーチに共通する特徴は何か。
- 印象に残った「大学の利用法」のアイディアはあったか。
- 他のスピーチを聞いてコメントすることで、自分の問題に気づいたか。

3)グループの活動
- スピーチを検討する活動で、うまくいった点は何か。
- うまくいかなかった点は何か。
- 自分がグループの活動に貢献できたと思う点は何か。
- 改善の余地があると思った点は何か。
- 今回の経験を生かし、つぎのグループ活動では、どのように参加したいか。

> **宿題　志望動機書／学習(研究)計画書作成に向けてスピーチを見直す**

　自分がスピーチした内容は、「X大学という環境の利用法」「X大学と自分のやりたいことの関連づけ」「他大学や他学科等との比較」等の観点から、十分に分析・説明されていただろうか。6課では、このスピーチをもとにして、志望動機書／学習(研究)計画書を作成する。そのための準備として、内容を再度検討し、必要に応じて修正しよう。

> **応用タスク　自己PR文のための情報収集を考える**

　この課では、「なぜ私はX大学で学びたいのか」という切り口から、X大学や他大学等の情報を集め、整理した。では、つぎの3つのテーマでそれぞれ自己PRをするとしたら、どのような切り口・観点でできるだろうか。そして、そのためにどのような情報が必要になり、その情報はどこに行けば手に入るかについて考えてみよう。

ア)私と地域社会　　イ)私とことば　　ウ)私と働くこと

日本語エクササイズ

▶ ことばのエクササイズ【書きことば的表現（形容詞と副詞他）】

‖問題‖ 日常生活で使う簡易な表現と、改まった場面やレポートなどで使う書きことば的表現を使い分けられるようにしよう。下の表中の、日常的に使われる表現に対応する、より改まった書きことば的表現を考えて、空欄に書きなさい。

日常的に使われる表現	より改まった書きことば的表現
①やっぱ／やっぱり　重要だ	（　　　　　　　　　）重要だ
②すごい／すごく　深刻だ	（　　　　　　　　　）深刻だ
③いっぱい／たくさん　ある	（　　　　　　　　　）ある
④ちょっと　難しい	（　　　　　　　　　）難しい
⑤だんだん　減少している	（　　　　　　　　　）減少している

▶ 表現のエクササイズ【動詞の形のチェック】

‖問題‖ つぎの文の（　　）のうち、適切なことばを選びなさい。
① 天候によっては、学園祭の予定が（変わる・変える）こともある。
② 日本が国際的な競争力を高めるためには、科学技術を一層（発展する・発展される・発展させる）必要がある。
③ 大臣の国会での発言が、翌日、県知事や地方自治体の首長らに厳しく（批判した・批判された・批判させた）。

（吹き出し：予定がどうしたん？～を発展する??）

　動詞には、「体重が減る」と「体重を減らす」の「～が〈減る〉」「～を〈減らす〉」のように対になる形を取るものがある。①では「～が〈変わる〉」「～を〈変える〉」のように対となる形があり、この例では、「予定が変わる」が適切である。

　一方、②では、「～が発展する」は、対になる「～を〈動詞〉」は存在せず、「発展させる」という、動詞の「～（さ）せる」の形（使役形）を使った文が適切である。

　また、③では、「～を批判する」は、対になる「～が〈動詞〉」は存在せず、「批判された」という動詞の「～（ら）れる」の形（受身形）を使った文が適切である。

→提出用シート4課　ことばのエクササイズ、表現のエクササイズをやってみよう。

5課　自己PR❹　スピーチをする

目標
スピーチを通じて、お互いをリソースとして発見する

　大学の授業やゼミでは、課題にともに取り組むチームの一員になることが求められる。お互いの成果を共有し、それにコメント・質問することは、メンバーとしての当然の役割である。話しあいでは相手の欠点ばかり指摘するのではなく、自分の知識や経験が、お互いの成長のための資源(リソース)となることを目指して取り組もう。

何をコメントすればいいのかな…

プレタスク　スピーチ大会の係を決める

　スピーチ大会では、司会、計時係、録音係を分担して担当し、運営・進行を行う。担当係を決め、大会の進行運営方法を確認しよう。

タスク1　スピーチ大会を実施する

　つぎの手順でグループ代表がスピーチをしよう。
1) グループごとにリハーサルをしよう。
　代表は、前回のグループ内の練習でのコメントをもとに修正したスピーチを本番通りに行う。他のメンバーは、時間を計り、サポーターとして代表のスピーチをよりよくするためにどうすればよいかを考えながら聞く。終わったら、気づいた点をコメントしよう。代表は、そのコメントをメモしておこう。

‖ ポイント ‖ 有意義なコメントをするための留意点

　「全体的によかったです」「結論がよく分からなかったです」といった印象・感想のコメントには、どうしてそう思ったかの理由を必ず加えよう。理由を挙げるためには、そのスピーチの問題やよい点を分析しながら聞かなければならない。この「分析的聞き方」は、自分や相手のスピーチの改善に必要不可欠である。

2) スピーチ大会をはじめよう。進行はつぎの通りである。
① 司会はグループの代表の名前を黒板に書く。
② 司会は、開会の挨拶をする。
③ 司会は、スピーチする人の名前を言う。計時係は、スピーチがはじまったら時間を計りはじめる（2分）。
④ 聞き手は、ワークシートにコメント・質問を記入しながら聞く。→ **タスク2**
⑤ スピーチが終わったら、聞き手は質問をし、スピーチした人が答える。
　質問が出ない場合は、グループごとに相談して質問を決めてもよい。
⑥ 質疑応答が終わったら、交替し、③〜⑤を繰りかえす。
⑦ 全員終了したら、司会は終わりの挨拶をする。
⑧ その日に聞いたスピーチで最もよかった人を1人、優秀者として選び、その名前と推薦する理由をワークシートに記入する。

タスク2　コメントを書く

　スピーチを聞きながら、つぎの点についてコメントや質問したいことをワークシートに書こう。
1) 話し方（視線、声の調子、スピード等）
2) 内容
　◆ 聞き手のニーズ（聞きたいこと）を考えに入れているか。
　◆ 聞き手の立場に立った説明や分かりやすい構成になるように工夫がされているか。
　◆ 調べた情報と自分の意見や考えとの区別がはっきりしているか。
3) 質問

> 便利なことば

【問題の捉え方を表すことば】 視点　観点(ものの見方)　着眼点(目のつけどころ)　立場
問題意識　危機感　～に着目する　～に注目する　～を～と捉える　独創的　意欲的　論理的
積極的　批判的　懐疑的　新鮮　真摯

【感想・評価を表すことば】 説得力が ある(ない)／増す　納得できる　疑問／課題が残る
～という点(主張／根拠)に違和感がある

> 便利な表現

【アドバイスの表現】　～だと、もっとよかった／よりよくなる と思います。
さらに説得力が増すと思います。　～ということも言えるのではないかと思います。
～が課題として挙げられると思います。

【質問の表現】　～のご意見／お考えを お聞かせいただければ／伺えれば と思います。
～について、詳しい／具体的な 説明を お願いします。／聞かせてください。
もし～としたら、～という立場からどのようにお考えですか。

〈相互コメントのモデル〉

　下は相互コメントの例である。右側の(　)に入るポイント・工夫を考えよう。

相互コメントの例	ポイント・工夫
コメント ①声の大きさも速さもちょうどよくて、聞きやすかったです。 ②もう少し聞き手を見ながら話すと、もっとよくなると思います。 ③～については、あまりよく知らないので、ちょっと説明を入れてもらえると、もっと分かりやすくなると思いました。 ④ポイントを繰りかえしてくれたので、言いたいことがよく伝わりました。 ⑤××さんの…という問題意識は、自分では意識していなかったことなので、新鮮でした／印象に残りました。 **質問** ①「…」とは、何ですか／どういう意味ですか。 ②…のは、なぜ・だれ・どこ・いつですか。 ③…と説明されていましたが、それは××さんの意見ですか。それとも調べたことですか。 ④…と…は、どういう関連がありますか。	①印象だけでなく、どこがよかったか(　　　)的に指摘する。 ②提案にはやわらかい表現を使う。 ③分かりにくかった(　　　)を示し、(　　　)を出す。 ④好印象の理由として、(　　　)のよい点を挙げている。 ⑤好印象の理由として、自分の受けとめ方を挙げる。 ①～③(　　　)を引き出す質問。

⑤…について、もう少し詳しく教えてください。
⑥…には、たとえば、どういう問題／例がありますか。
⑦もし…(だ)としたら、どう思いますか／どうなりますか。
⑧最初で述べていることと後半で▲▲大学について述べているところが矛盾しているように思えたんですが、どのようにつながるんでしょうか。
⑨…と言っていましたが、もしそうなら、…ということになりますよね。いかがでしょうか。

☞④〜⑤
（　　　　　）を引き出す質問。
☞⑥〜⑨
もっと内容を（　　　　）質問。

タスク3　活動を振りかえる

スピーチ大会に参加して、感じたことや気づいたことを振りかえろう。

1) スピーチの聞き手として
- 大学の利用法として、どういうアイディアが自分にとって新鮮だったか。
- 大学に対する考え方で、自分と共通する人はいたか。
- いろいろなスピーチから、大学との関わり方で発見したことは何か。

2) スピーチをする側・スピーチする人を応援する側として
- 代表としてスピーチしたことで、最も印象に残っていることは何か。
- 自分のグループから代表でスピーチする人を応援する「サポーター」として参加して、最も印象に残っていることは何か。

3) 全体を通して
- 自分が貢献できた点はどこか。
- 自分が貢献できなかった点はどこか。
- 今回の経験を、つぎの活動にどのように生かしたいと思うか。

宿題　志望動機書／学習(研究)計画書の下書きを書く

4課の宿題と、今回行ったスピーチの内容を踏まえ、6課 タスク1 を見て、志望動機書／学習(研究)計画書の下書きを書いてくる(A4用紙で1枚程度)。

応用タスク　立場を変えて考える

もし、自分が大学の入試や就職の際の面接官だったら、大学との関わりについて、どのような自己PRをする学生を入学・入社させたい、あるいはさせたくないと思うだろうか。いろいろ想像してみよう。

この課に日本語エクササイズはありません。

6課 自己PR ❺
志望動機書／学習(研究)計画書を読みあう

目標 志望動機書／学習(研究)計画書を書き、相互コメントする

　志望動機書／学習(研究)計画書とは、自分は何を目指すのかを伝え、入学やゼミへの参加の許可等、読み手に何らかの行動をしてもらうための文章である。相手に動いてもらえるような文章を書くためには、書く段階から読み手の存在を意識し、読み手が求めるものを的確に把握することが必要だ。この「読み手意識」を、相互コメントの力をつけることで高めよう。

> 相手に納得してもらえる文章って、どう書けばいいんだろう？

プレタスク 自己紹介と志望動機書／学習(研究)計画書の違いを考える

1) 教室での自己紹介と大学入試、就職、ゼミ等の面接のとき等に必要となる志望動機書／学習(研究)計画書には、重要な違いがある。つぎの表の空欄に入ることを、書きこもう。

	自己紹介	志望動機書／学習(研究)計画書
目的は何か		
受け手(読み手・聞き手)は誰か		
どのような形式・文体か		
他に注意すべき点は何か		

2) 志望動機書／学習(研究)計画書に書くべき項目として何があるか。思いつくものを挙げてみよう。

タスク1　志望動機書／学習（研究）計画書を書く

① A4用紙1枚程度の志望動機書／学習（研究）計画書の下書きを書こう。

　下の例は、学習計画書の一例である。もちろん、この他にも学習計画書の書き方はいろいろある。ここでは、このモデルを参考に、学習計画書を書く。なお、大学1年生の場合はどのように大学での学習や研究を進めていくかをまとめよう。

〈学習計画書のモデル〉 * 志望動機書は p.37、大学院受験等に使われる研究計画書は p.96 を参照のこと。

学習計画書の例

テーマ：私は○○大学で何を学ぶべきか

1. はじめに
　私は、この○○大学○○学部○○学科に入学して、今は…①。ここで、自分の将来の希望や現在の興味について整理し、大学の特徴と結びつけながら、「○○大学で私が学ぶべきこと」を改めて考え直してみたい②。

2. 私の興味・関心と将来
　まず、自分の興味や関心について述べたい③。
　私は、…に興味があり、幼い頃から…。そういった経験をとおして、…についてさまざまな疑問を持つようになった④。
　また、…をきっかけに、…にも興味を持つようになった。…
　このような自分の興味・関心から、将来は…たいと考えている⑤。

3. ○○大学で学びたいこと
　これから○○学科（○○研究室／○○先生のゼミ）で…を中心に学んでいきたいと考えている⑥。『…』によれば⑦、○○大学の○○学科は、…ことが特徴である。それは、自分にとって…⑧。また、前述した…という将来の希望の実現には、ここで学ぶ…が～という点から役に立つのではないかと考えている。
　さらに、学科の勉強以外にも、本学では…も学べる⑨。…を身につけることによって、将来の自分の可能性を広げたい。
　このように、本学で学べる…を活かして、自分の夢の実現にがんばりたい⑩。

ポイント・工夫

- ①自分の（　　）を提示
- ②学習計画書の（　　）を示す。
- ③自分の将来や大学で学びたいことに関係するような自分の（　　）をいくつか挙げる。
- ④興味を持った理由やきっかけになった具体的な（　　）を述べる。
- ⑤自分の興味・関心と将来の結びつきについて述べる。
- ⑥自分の大学や学科で学びたいことや入りたい研究室について述べる。
- ⑦情報の根拠を（　　）として示す。
- ⑧自分の大学、学科、研究室等の（　　）を自分の学びたいことと関係づけて挙げる。
- ⑨学科の勉強以外で大学で学べることについても言及する。
- ⑩大学で学べることと自分の将来の結びつきについて述べる。

4. おわりに
　以上、私は…という自分の興味・関心から生じた将来の夢を実現させるために、○○大学で…を学び、…と考えている⑪。

> ⑪今まで述べてきた自分の興味・関心にもとづく将来の夢と○○大学で学びたいことを関係づけてまとめる。

②下書きの自己チェックをしよう。
- 誤字・脱字はないか。
- プレタスク 2)で確認した「志望動機書／学習（研究）計画書に書くべき項目」はあるか。
- 内容のまとまりごとに段落をつけ、段落のはじめは1字下げになっているか（全体が一続きの文章になっていないか）。

タスク2　志望動機書／学習（研究）計画書について相互コメントする

つぎの手順で仲間と下書きをチェックしよう。
①自己紹介し、お互いに相手の志望動機書／学習（研究）計画書を読む。
②読んだ内容を再生する（p.22〈再生モデル〉参照）。
　読み手：相手の書いた内容を自分のことばで再生する。
　書き手：再生を聞いて自分の言いたいことが正しく伝わっているかどうかを確認する。
③ 便利な表現 【情報に関する確認のための質問】で、必要な情報を引き出す。
　読み手：自分の理解が正しいかどうかを書き手に確認し、もっと説明してほしい点を伝える。
　書き手：読み手に質問されたところを説明し、指摘されたことは、必要に応じて下書きに記入しておく。
④ 便利な表現 【書き手の内面・意識に関わる質問】で、レポートの内容を深める。
　読み手：書き手は気づいていないが、読み手には重要だと思えることを指摘し、志望理由、問題意識、具体的エピソード等の内容を深めよう。自分が知っている情報があれば、書き手に提供しよう。
　書き手：読み手の質問に答えているうちに、漠然としていた考えがはっきりしてきたり、言いたいことにぴったり合った表現が見つかったりすることがある。気がついたことがあったら、すぐにメモを取る。
⑤全体の感想を伝えよう。
　読み手：特に印象的だった、意外だった、なるほどと説得された、自分のものに取り入れたいと思った点等を伝える。また、自分が同意できないと思った点を指摘する。

書き手：読み手からの感想はまず受け止め、指摘や情報提供に対して感謝を示す。自分の志望動機書／学習（研究）計画書にそれらを取り入れるかどうかは、必要に応じて取捨選択する。

便利なことば

【対象を多面的に捉えるためのことば】 視点　見方　観点　意図　解釈する　検討する　〜を〜と捉える　説得される　言及する

【評価の表現】 共感する　印象が強い　興味深い　切り口が新しい　捉え方がユニークだ／独創的だ

便利な表現

【情報に関する確認のための質問】

…は、…という意味ですか。（何ですか。／どういうことですか。）

…は、分かりやすくいうと、…ということですか。

…は、…と理解していいですか。／…という理解でいいですか。

【書き手の内面・意識に関わる質問】 …のとき、どうして…と／どういうふうに感じたんですか。　この部分は、…にどうつながりますか。　…という見方・解釈もできると思いますが（、いかがでしょうか）。　もし…だったら、どうしますか。

【情報提供・提案】 ちなみに　それに関連して　そういえば

…が好きだったら、これもいいんじゃないでしょうか。　それで思い出したんだけど、…

〈相互コメントのモデル〉

下の例は、相互コメントにおける読み手と書き手のやり取りである。右側の（　）に入るポイント・工夫を考え、相互コメントの留意点を確認しよう。

相互コメントの例	ポイント・工夫
読み手：すみません、この…は、どういう意味ですか①。 書き手：あ、それは…という意味です。 読み手：あ、そうですか。分かりました。それから、…この部分は…のことを指してるのかなと思ったんですが、そういう解釈／理解でいいですか②。 書き手：はい、そうです。そういう意味で書きました。 読み手：それから、ここがちょっとイメージしにくかったんですが、具体的に言うと、どんなことでしょうか③。 書き手：うーん、たとえば…ということを言いたかった	①（　　　　）を引き出す。 ②自分の（　　　　）を確認する。 ③質問で具体的な（　　　　）を引き出す。

読み手：んですが。
読み手：その例をここに書くといいんじゃないでしょうか。もう一点、ここの…という指摘についてですが、見方を変えれば、…という解釈もできると思うんですが、いかがでしょうか④。
書き手：ああ、たしかにそうですね。もう少し検討してみます⑤。貴重な意見、ありがとうございます。
読み手：でも、私は、このような角度から大学の価値を認識していなかったので、とても興味深く読みました。勉強になりました⑥。
書き手：え、そうですか。ありがとうございます。

☞ ④異なる（　　　）の可能性を提案する。

☞ ⑤助言を推敲段階で検討することを伝える。

☞ ⑥全体的な（　　　）をする。

タスク3　活動を振りかえる

今日の活動で学んだことを振りかえり、ワークシートに書きこもう。

1) 相互コメントについて
- 学生同士で読みあうことのよい点と難しい点を考えよう。自己修正、教員による添削とは、どう違うだろうか。
- 読み手からのどのようなコメントが役に立つか。
- ピア活動から文章改善のヒントをたくさん得るためには、書き手はどのような態度でピア活動に臨めばよいだろうか。

2) 志望動機書／学習(研究)計画書について
- どのような志望動機書／学習(研究)計画書がよいと思ったか。
- よいと思った志望動機書／学習(研究)計画書に比べて、自分のものには何が足りないと思うか、そして、改善のために、何をすべきだと思うか。

宿題　情報の探し方を考える

7課 プレタスク を読み、必要な情報を見つける手順の流れを書いてみよう。

応用タスク　表記の規範性について考える

下のコメントは、A君とB君が自分の志望動機書を振りかえった感想である。これらを読んで、下の問いについて考えよう。

A君：あれ、この間送った志望動機書の漢字、3つも間違ってた。でも、内容はかなりがんばって書いたし、字が間違ってても、ちゃんと言いたいことの意味は分かるから大丈夫だよな。中身さえしっかりしてれば、漢字の間違いは、そんなに問題

にならないよ。
B君：ああ、しまった、この間送った志望動機書の漢字、3つも間違っちゃった。ああ、あれだけがんばって書いたのに、漢字が間違ってるというだけで「非常識なヤツ」と思われて読んでもらえなかったら、こんなにばかばかしいことないよなあ。これからは絶対に間違えないようにしないと…。

①A君、B君のコメントについてどう思うか。
②漢字や表記の間違いは、進路決定に関わる人（入試の合否判定者や就職の際の採用担当者）にどのような印象を与えるだろうか。考えてみよう。

日本語エクササイズ

▶ ことばのエクササイズ【書きことば的表現（接続表現）】

‖問題‖ つぎの文の下線を引いた接続詞は、主に日常的な話しことばとして使われるものだ。これらの接続詞をより改まった書きことば的表現に直しなさい。

①高校2年生までは、人と接する仕事をしたいと漠然と考えていた。<u>でも</u>、ある本を読んで、獣医になりたいと強く思うようになった。

②獣医学部のある大学について、高校の先生に相談したところ、X大学を勧めてくれた。<u>で</u>、調べてみると、学費が他大学よりも安いこと、自宅から通学できることが分かった。

③両親には経済的にあまり負担をかけたくなかった。<u>なので</u>、X大学を第一志望に決めて、受験勉強をはじめた。

④英語の長文を読むのが苦手だったので、その対策として、毎日英字新聞を読むようにした。<u>そしたら</u>、内容を理解する速度が少しずつ早くなった。

▶ 表現のエクササイズ【ことばの組み合わせのチェック】

‖問題‖ つぎの文の（　）の正しいものを選びなさい。

①日本の工場の生産ラインは、（機械化になり・機械化され）、必要な労働者の数が少なくなった。

②この地域では、年間降水量が約100ミリしか（ない・降らない）という現状がある。

③このことによって、大統領の支持率が（増加した・上昇した）。

どっちやろ？

①「～化になる」とは言わない。ここでは、「～化される」になる。よって、答えは「機械化され」である。

②「降水量が降る」では、「頭痛が痛い」のように同じ意味のことばが重なるので、「降水量が約100ミリしかない」とする。③「支持率」は割合を表すことばであり、基本的には「増加」ではなく、「上昇」という。よって、答えは「上昇した」である。

ことばの組み合わせが間違っていると、意味は何となく通じるが、何か変だと感じさせる文になってしまう。自分の書いた文の語と語の組み合わせに自信が持てないときには、辞書の用例を見よう。インターネットで使用例があっても、必ずしも正しい用法とは限らないので、注意が必要だ。ことばは時代によって変化するものではあるが、読み手は若い人だけではないので、より保守的な用法のほうが無難であり、誤解を招く可能性が低い。

→提出用シート6課　ことばのエクササイズ、表現のエクササイズをやってみよう。

〈参考資料〉志望動機書の例

　この課では、大学で自分は何を学ぶかを他者に伝える「学習計画書」のモデルを示した。この他に、大学への入学や編入の際に作成する「志望動機書」がある。ここでは、入学を希望する大学に提出する「志望動機書」を想定したモデルを示す。

＊なお、大学院進学時等に作成する「研究計画書」はp.96にモデルを示した。

〈志望動機書のモデル〉

志望動機書の例（大学入試バージョン）	ポイント・工夫
私が貴学を志望した最も大きな理由は、貴学が…に力を入れているということである①。 　現在、日本では、…が深刻化しており、…の問題は、…するうえで非常に重要である②。その意味で、貴学が積極的に行っている…という活動には、大きな社会的意義があると考える③。特に、…という点で、効果を上げている点に注目している。 　私がこの問題に強く関心を持つようになったのは、…がきっかけだった。高校のとき…を経験し、この問題について…の視点から追究するようになった。そして、大学では、実践を通して、より深く…したいと考えるに至った④。貴学で…を学ぶことができれば、…という意味で、私にとって有意義であると考える。 　貴学に入学を許可されたら、つぎのことを実行したい⑤。 　まず、はじめに…をする。なぜなら、…からである。そのために…ようと考えている。 　つぎに、可能であれば、…したい。そうすることで、…という経験ができると思うからである。 　最終的には、…の方面での仕事を希望している。そのためにも、…について、自分なりの…が卒業までに得られるよう、努力したいと考えている⑥。	①（　　　　）を最初に明確にしている。 ②自分の（　　　　）を提示する。 ③志望大学の社会的意義・影響力等を評価している。 ④根拠となる（　　　　）的なエピソードを述べている。 ⑤入った後の自分の具体的な（　　　　）を述べる。 ⑥卒業後の（　　　　）についても言及し、どこを最終的に目指すのかを明確にしている。

6課

第Ⅱ部で学ぶこと

【活動2】
「ブック・トーク*とポスター発表」(7〜11課)

- ブック・トークとは、読んだ本を紹介しあう活動です。第Ⅱ部では、ブック・トークを通し、1つの本や記事に書いてあることをそのまま信じるのではなく、他の本などと比べ、批判的に読むとはどういうことなのかを学びます。

【活動3】
「ブック・レポート*とその点検」(12〜14課)

第Ⅱ部では、
- ブック・レポートの作成と点検を通し、読んだことを自分の文章にただ取りこむのではなく、読んだ内容を批判的に分析し、自分の意見や立場を明確に示すことを学びます。
- 引用と意見とを区別しながら文章にすることを学びます。
- 書いた文章を点検するポイントを学びます。

*通常「ブック・トーク」「ブック・レポート」とは1冊の本について紹介するスピーチやレポートを指しますが、ここでは本の他に新聞記事などを対象にしたものも含みます。

> どの課でも、日本語エクササイズを通して、分かりやすく、正確に書くためのポイントを学びます。

7課　ブック・トーク❶　情報を探す

目標　本・記事や情報の探し方を知る

　インターネット検索だけで何でも調べられる、と思っていないだろうか。インターネットと本・記事、その両方からより詳しい情報を探し出す方法や、図書館を活用する方法を知れば、大学生活はさらに充実する。

＊ブック・トークについて授業担当教員から課題図書が既に指定されている場合、7課の内容は、8課以降のタスクとは独立した活動からなる。情報の探し方についての参考としてもらいたい。

> 情報って、どうやって探すの？

プレタスク　情報の探し方を考える

① 「自分の住む都道府県の環境は悪くなっているか」というテーマで、必要な情報を探すとしたら、どんな方法があるだろうか。やるべきことの手順を挙げ、流れを書きだそう。
② (ペアで)お互いが考えた方法を説明しあって、他にも方法がないかどうか考えよう。

‖ポイント‖　キーワードの入れ方
検索キーワードに「神奈川県の環境は悪くなっているか」というように文をそのまま入れても、使いやすい検索結果にはなりにくい。キーワードの入れ方を工夫しよう。

検索の流れの例（それぞれ複数の候補を考えよう）

① Web サイトで検索：

　検索サイト名：

　検索キーワード：

②文献（本や記事、論文）の Web での検索：

　検索サイト名：

　検索キーワード：

③文献（本や記事、論文）の図書館での検索：

　探し方：

タスク1　検索してみる

1) 実際に検索してみよう（できれば、情報処理センターや図書館等で行う）。
2) 自分で考えた検索のし方と、下記のポイントを参考にしたやり方とでは結果はどう異なるか。検索してみて感想をワークシートに書きこもう。

‖ポイント‖　検索の流れの例

①関連情報を Web サイトで検索する場合：Yahoo! や Google といった一般的な検索エンジンだけでなく、テーマに関連した情報を集めた Web サイトや、公的機関や研究所のサイトも利用してみよう。
- （環境関係なら）環境省、国立環境研究所、環境情報普及センター等。

②文献（本や記事、論文）を Web で検索する場合：本や資料を探すための便利な Web サイトや検索エンジンで検索しよう。
- 「Webcat Plus（ウェブキャット プラス）」 http://webcatplus.nii.ac.jp/ 　文入力で連想検索によって本が探せる。
- 「新書マップ」 http://shinshomap.info/ 　新書以外の本も探せる。
- 「国会図書館」 http://www.ndl.go.jp/ 　特に「リサーチ・ナビ」がお勧め。

＊検索キーワードは「県　環境　悪」でもよいが、もっと具体的なキーワードを入れてみると、異なる結果が得られる。たとえば、「神奈川県　環境　報告　昭和　平成」と入れたのとでは、結果はどう異なるだろうか。「環境」の代わりに「ゴミ量」「河川　水質」とした場合はどうだろうか。

③文献（本や記事、論文）を図書館で検索する場合：本棚を見て探すだけが図書館の活用法ではない。図書館設置の PC で、書名・記事検索をしてみよう。
- 「OPAC（オーパック）（Online Public Access Catalog）」　自分の大学の図書館のオンライン蔵書検索エンジンを使って、探している本があるかどうかを調べよう。

- 「CiNii」http://ci.nii.ac.jp/　他大学所蔵の文献や学術論文が検索できる。
  また、大学図書館の検索ガイダンス等に参加し、下記の利用法も試そう。
- 図書館で過去の新聞記事を探す：新聞記事のデータベースを設置しているところが多い。図書館のカウンターで聞いてみよう。
- 自分の大学にない本を借りる：カウンターで、他大学図書館所蔵の本の取寄せや複写、紹介状等について聞いてみよう。

〈検索のモデル〉

下の例は、ある学生が「A県の環境学習」というテーマで行った検索である。もちろん、これ以外にも、さまざまな検索の形があるが、いくつかの基本的なポイントを確認してみよう。右側の（　）に入るポイント・工夫を考えよう。

本の検索の例

悪い例
- Yahoo!で「A県で環境学習が行われているか」と入れたけれども、本の名前が何もヒットしなかった①。
- 一応、大学図書館の棚でも本を探したけれど②、「A県の環境学習」について書かれたぴったりの本がなかったので③、あきらめて、別のテーマにした。

よい例
- まず、Yahoo!、Google等の検索エンジンで、「環境学習　県別」「体験学習　環境」「A県　環境教育」等、色々なキーワードの組み合わせを変えて検索してみる。
- 国会図書館のリサーチガイドやテーマに関連したサイトを見る。Amazonや大学生協の書籍インターネットサービスなどで、キーワードから本を探す。
- 目的にぴったり合った本が見つからなかったら、Webcat Plusや新書マップで、連想機能を使って関連した本を複数探す④。
- 部分的に関連のありそうな本が3冊ヒットしたので、所在を確かめる。地域の図書館については、各地域の図書館のホームページの資料検索機能や全国公共図書館の横断検索を使う。自分の大学図書館では大学のOPACを使う⑤。他大学の図書館にあるかどうかは、CiNii Booksで探せる。
- 「A県の環境学習」について書かれたぴったりの本がなくても、「環境学習」の本と「A県の体験学習」の本等を組み合わせて調べる。

ポイント・工夫

- ①サイトの選び方や検索（　　　　）の入れ方が悪い。
- ②図書館の（　　　　）しか見ていない。
- ③テーマについて1冊で網羅的に説明した本だけ探している。
- ④本を探すための専門サイトを使う。
- ⑤本の所在を探すために図書館の（　　　　）を使う。

- 本を読みながら、重要だと思う箇所に付箋をつける。または、メモやカードを作る。本を読んで知った語句で、再度、検索してみてもよい。本の巻末の参考文献にある本を読んでみてもよい。
- 統計データとしては、白書や年鑑を探すとよい。
- 探しても見つからなければ、図書館の司書に相談してもよい。

タスク2　読んだ新書の内容をお互いに説明する

①クラスメートと3〜4人のグループになって、テーマが相互に関連する本(新書等)や記事から1つを選ぶ(その本や記事が、後の課題に使えることもある)。

②それぞれが自分で選んだ本や記事の内容を3分で読めるだけ読む。
自分が読んだ内容を説明し(1分)、全員の説明が終わるまでくりかえす。その中では、便利な表現を使うとよい。

③グループの中で、最も読みたいと思った本や記事はどれだったか。お互いに選んで理由を述べよう。

④説明するために、本や記事のどの部分を参考にしたか、お互いに教えあおう。説明が分かりやすかった人のやり方には、どのような特徴があるだろうか。

便利なことば

【本や記事に関することば】 検索　白書　報告　年度　調査　出版年　話題　筆者　著者　組織　略歴　立場　主張　根拠　方向性　全体的　部分的　述べる

便利な表現

【本や記事について質問する表現】

それはどんな人(筆者／著者／立場の人)が書いたんですか。

筆者／著者はどんな組織／団体に属しているんですか。

たとえば、どんな話題(例／事例／データ)が紹介されているんですか。

【本や記事について説明する表現】

筆者／著者は〜という立場から〜と主張しています。

全体的に、この本は〜という方向性を持っています。

部分的には〜について〜と述べているところもあります。

データとしては主に〜や〜等を用いています。

データによると〜ということです。

タスク3　活動を振りかえる

今日の活動を通して学んだことを振りかえり、ワークシートに書きこもう。

1) Webサイト、本や記事の探し方について
   - 信憑性が高いと思われるものの特徴は何か。
   - 信憑性が低いと思われるものの特徴は何か。
   - 今回新たに知ったことは何か。
2) 本や記事の内容を説明するやり方について
   - どんな説明が印象に残ったか。
   - 相手はどんな工夫をしていたか。
   - 分かりやすい説明とそうではない説明との違いは何か。

（吹き出し）本がないから、テーマを5回も変えたんだ。
（吹き出し）それって、探し方に問題があるんじゃないのかな…

宿題　「主張と根拠の構造メモ」を作る

次回は、グループでブック・トークを行う。担当する本や記事を読んで、8課のプレタスクにある図を参考に「主張と根拠の構造メモ」を作ってこよう。

応用タスク　異なる主張の根拠を把握する

つぎのア）〜オ）のテーマについて、主張の異なる2つ以上のWebサイトまたは本・記事を見つけよう。それぞれの主張の理由と根拠は何だろうか。

ア）「地球温暖化の原因は、二酸化炭素排出量の増加か」
イ）「（日本の／自国の）小中高の教育では、知識を教える時間を減らしても、生徒による討論や調べ学習等の活動を増やすべきか」
ウ）「子供が小さいうちは、母親は外で働かずに子育て中心の生活をすべきか」
エ）「日本の企業は、新卒大学生と既卒者の募集の区別をなくすべきか」
オ）「世界的に商業捕鯨を再開すべきか」

日本語エクササイズ

▶ ことばのエクササイズ【書きことば的表現（ビジネス場面の表現）】

‖問題‖ 就職活動等でのやり取りでは、ビジネス場面で使われる表現が必要になる。特にエントリーシートやメールなどを書くときには、ビジネス場面にふさわしい書きことば的表現が使われる。下の表中の日常的に使われる表現に対応する、ビジネス場面で使われる表現を考えて、空欄に書きなさい。

日常的に使われる表現	ビジネス場面で使われる表現	日常的に使われる表現	ビジネス場面で使われる表現
（例）相手の大学	貴学	⑦さっき	
①うちの大学		⑧すぐに	
②相手の会社		⑨このあいだ	
③自分の会社		⑩今度	
④昨日・今日・明日	昨日（さくじつ）・　・	⑪本当に	
⑤おととい・あさって	・	⑫ちょっと	
⑥あとで		⑬残念だけど／残念だが	

▶ 表現のエクササイズ【文に必要な要素のチェック】

‖問題‖ つぎの文の下線部分はどこがおかしいのだろうか。

×①日本は、<u>石油供給を大幅に依存している</u>ので、輸入ルートの確保が重要である。

×②私は、<u>比較すると</u>、あまり物事に熱くなることができないという傾向があるようだ。

（ペンギン：「何に」依存やろ？）

①も②も何か足りないと感じさせる文だ。①は「依存している」のは「何に（もしくは、誰に）」なのかが分からない。「依存する」という語は、「〜に依存する」の「〜に」の部分を省略して使うことはあまりない。また、②は「他の人と比較すると」なのか、「以前の自分と比較すると」なのか、「〜と比較すると」の「〜と」の部分を省略してしまっているので、分かりづらい。このような文の必須要素が欠けている文を書かないようにしよう。

問題の例文①②は、たとえば、つぎのように補うことができる。

〇①日本は、石油供給を<u>諸外国に</u>大幅に依存しているので、輸入ルートの確保が重要である。

〇②私は、<u>同級生と</u>比較すると、あまり物事に熱くなることができないという傾向があるようだ。

→提出用シート７課　ことばのエクササイズ、表現のエクササイズをやってみよう。

7課

8課　ブック・トーク❷　情報を読んで伝える

目標　　読み取った情報を伝える

　大学生として必要な読解は、本を読んで理解するだけでなく、その本の主張と根拠の構造を分析しながら情報を利用することまでを目指すものだ。その際には、お互いに読み取ったことを口頭で伝えあって比較するのが有効だ。ゼミ等での輪読は、この応用である。

プレタスク　「ブック・トークのための主張と根拠の構造メモ」を書く

1）担当する本や記事について、ワークシートの8課①「主張と根拠の構造メモ」を宿題として書いてくる。著者・筆者の大きな主張を支える小さな主張の関係、それぞれに根拠があるかどうかに注目しよう。

「ブック・トークのための主張と根拠の構造メモ」の例

本・記事の題名：『リサイクルは地球に悪い?!』　著者・筆者：森山守　発行年：2011年
著者・筆者の立場：環境保護活動をしているNPOの代表
大きな主張：リサイクルは環境負荷のほうが効果より大きいことがある。

p.14　　大きな主張を支える小さな主張：ペットボトル再生は環境負荷が大きい
　　　　その根拠：ペットボトルを再生するための電力・輸送コスト＞再生品

```
     ┌─────────────────────────────────────────────────────────┐
  ↑  │ 大きな主張を支える小さな主張：　再生紙も環境負荷が大きい │
     │ その根拠：　回収・再生・漂白のための電力・輸送コスト＞節約コスト │
p.25 └─────────────────────────────────────────────────────────┘
‥‥‥‥‥（略）
```

┌───┐
│ 疑問・評価・批判：再生はビジネスが目的でリデュース（使うのを減らすこと）が │
│ もっと大事と主張するが、それでは産業は縮小するのでは？　意識面はどうする？ │
└───┘

2）構造を5分で説明するために情報を取捨選択し、話す順序を考えよう。

タスク1　「ブック・トークのための見取り図1」を使ってブック・トークをする

①関連する本や記事の担当者同士、3～4人でグループを作る。

②お互いの担当した本や記事の情報を5分で報告しあう。聞き手は「見取り図」にキーワードをメモしながら聞く（図の中央部分はつぎの9課で書きこむので、あけておく）。本や記事の著者・筆者の主張と、報告者自身の意見を混同しないように注意する。

③聞いて疑問に思ったところ等を、聞き手は報告者に質問する（5分程度）。答えられなかった質問に対しては、報告者はもう一度本や記事を読んできて、つぎの9課で説明する。

④順番にグループ全員が報告する。

「ブック・トークのための見取り図1」の例	
（　A　）さん担当 書名：＊＊　著者：＊＊ 主張：リサイクルはいい 根拠：＊＊市や＊＊町のデータ	（　B　）さん担当 書名：＊＊　著者：＊＊ 主張：成功するリサイクルのコツ 根拠：小中学生の活動実践と成功例の共通点
（図の中央部をあけておく＝つぎの9課で使う）	
（　C　）さん担当 書名：＊＊　著者：＊＊ 主張：環境保護はイメージ先行だ 根拠：ペットボトル再生にかかるコストとエネルギーの数値	（　自分　）の担当 書名：リサイクルは地球に悪い?! 著者：森山守 主張：リサイクルは環境負荷が大きい 根拠：リデュースとの比較

＊本の場合は「著者は〜」、記事の場合は「筆者は〜」と説明するのが一般的。
＊この本のブック・トーク、ブック・レポートの例として出てくる本や記事の名前、著者名は、すべて（『環境白書』を除いて）架空のもの。

> ‖ポイント‖ 本や記事から情報を得るということ
>
> 　関連するテーマについて書かれた本や記事を比べてみて、どんなことに気づいただろうか。著者・筆者の主張とその根拠との関係に注意してみよう。著者・筆者の主張に合うように、根拠となる事実やデータを選んで構成しているものはなかっただろうか。また、同じ事実や現象に対して本や記事によって異なる解釈や評価が導かれていたところはなかっただろうか。本や記事から情報を得るために読む場合には、その著者・筆者が何を根拠に主張しているかを確認しながら読んでいく必要がある。主張と根拠の間に飛躍や矛盾がないか注意しよう。

便利なことば

【主張と根拠を説明するためのことば】　主張　根拠　データ（引用データ／統計データ／オリジナルデータ）　著者／筆者／立場　～に属している　立脚点／視点／観点／論点　リサーチ／調査／資料　矛盾／偏り　変化／現象／傾向　事例／成功例／失敗例

便利な表現

【主張や根拠を引用する表現】

著者・筆者は～について（～の立場から／～を取り上げて／～について／～という点に着目・注目して）～と述べています。／指摘（主張／分析／解釈／提案）しています。

著者・筆者によると、～ということです。／～（だ）そうです。

その根拠・データとして～ということを挙げています。

筆者の主張は～に基づいています。

【主張や根拠に対して評価や批判を行う表現】

私は著者・筆者の～という主張／提案に（は）賛成／反対です。

著者・筆者の主張は～という面から評価できます。

著者・筆者の 主張は～と矛盾しています／主張には無理があります。

著者・筆者の取り上げた事例（資料／データ）は～に偏っています。

〈説明のモデル〉

下の例は、ブック・トークでの報告と質問の例である。説明を読んで、右側の（　）に入るポイント・工夫を考えよう。

ブック・トークでの報告と質問の例	ポイント・工夫
報告者：私が読んだのは『…』という本です①。この本で著者が最も言いたいのは「…すべきではない。むしろ…にもっと力を入れたほうがよい」ということです。 　著者は、この主張を、大きく4つの面から論証しようとしています②。まず、「…」の面です。ここでは、世界…機構の…年のデータをもとに「…」と主張しています。…が大幅に増加していることから、「…は効果がない」とも述べています。そこで、「…」と提案しています。 　つぎに「…」の面です③。ここでは、… … 　私は、この本を読んで、以下のように反対と賛成、両方の考えを持ちました④。まず、賛成したのは「…」ということです。というのは、…からです。 　つぎに、賛成できない点ですが、「…」という指摘は、データと矛盾していると思います。データの取り上げ方にも、やや偏りがあるように思われます。たとえば、…。 　以上で報告を終わります。 … 質問者：さっき「…」と言いましたが、これは著者の意見ですか、●●さんの意見ですか⑤？ 報告者：…	①話題と（　　　）を最初に明確にしている。 ②聞き手に対して構造を示して、分かりやすくしている。 ③別の面の特徴をはっきり（　　　）て示す。 ④自分の意見と（　　　）の主張とを、はっきり分けて示す。 ⑤話し手の意見と本の主張を（　　　）しないようにする。

タスク2　活動を振りかえる

今日の「ブック・トーク」という活動を通して、学んだことを振りかえり、ワークシートに書きこもう。

（つまり、筆者が言いたいのは…は絶対に…だということで。）

（なるほど…でも、どんな証拠があるのかな。）

1) 自分の説明について

本や記事の主張と根拠の構造を、正確に再現できただろうか。それを分かりやすく聞き手に伝えられただろうか。分かりやすく伝えるには、どうすればよかっただろうか。

2）本や記事から情報を得ることについて

　今日の活動を通して、本や記事等の信憑性（信じられるかどうか）について気がついたことは何か。どのような書き方がされていれば、信じてもよいと思えるだろうか。

宿題　「読み直しメモ」を書いてくる

　今日の活動の中で話題になった点をふり返り、自分の担当の記事で読み足りなかった部分や、読み直したほうがよい部分について、もう一度読んで追加のメモを作ってこよう。「ブック・トークのための主張と根拠の構造メモ（9課 プレタスク 参照）」の表に書き足すか、新たに書き直してもよい。

応用タスク　情報の記述の特徴を考える

　つぎのA、Bの2つの記事は、それぞれどのような特徴があるだろうか。
①記事A
　　最近の若者は、何が何でも職に就こうという意気込みに欠けている。新規大卒者の就職率が下がっているというが、不況でも何でも、根性さえあれば、就職できるはずだ。戦後、不況の時代はいくらでもあったのだから。
②記事B
　　今年12月の時点での大学生の就職内定率は68.2%で、昨年同月より4.6%低下し、1995年についで戦後2番目に低い数字となっている。

日本語エクササイズ

▶ことばのエクササイズ【書きことば的表現（名詞句化 1）】

　より引き締まった書きことばの文章にするには、「動詞＋こと」の部分（＿＿＿＿部分）を名詞に変える（名詞句化する）とよい。漢語を使うと、より意味が限定された語の選択が可能になり、さらに、字数が節約できる。その結果、引き締まった文になる場合が多い。
例）まわりの環境を　よくすること　が大切だ。

　「よくする」ということばには、「改善、向上、改良、上達、回復」が対応するが、「悪いものを改める」という意味の「改善」を選ぶと、意味がより限定される。

　　→周辺の　環境を　改善すること　が大切だ。
　　→周辺環境 の 　改善　　　　　が大切だ。　（→名詞句化で字数も節約できた。）

‖問題‖ 例のように漢語を使って、より書きことば的な文にしてみよう。＿＿＿には適当な漢語、□には適当なひらがなを入れなさい。

車が大幅に　増えたこと　によって、環境が急激に　悪くなった。
→車が大幅に　＿＿＿＿＿したこと　によって、環境が急激に　＿＿＿＿＿した。
→車の大幅□　＿＿＿＿＿　によって、環境の急激□　＿＿＿＿＿が生じた。

▶ 表現のエクササイズ【修飾関係のチェック】

×先輩が積極的に準備を行った後輩を助けなかったので、企画は成功しなかった。

「積極的に」どうしたん?!

この文で、「積極的に」はどこにかかるのだろうか。「積極的に準備を行った」のか、「積極的に助けなかった」のか、この文ではよく分からない。また、「積極的」なのは先輩なのだろうか、それとも後輩なのだろうか。

どこにかかるかをはっきりさせるには2つの手段がある。1つは読点を打つことだ。

△①先輩が積極的に、準備を行った後輩を助けなかったので、企画は成功しなかった。
△②先輩が、積極的に準備を行った後輩を助けなかったので、企画は成功しなかった。

①は「（先輩が）積極的に助けなかった」ことになり、②は「（後輩が）積極的に準備を行った／（先輩が）助けなかった」になる。しかし、まだ分かりにくい。

さらに、もう1つの手段は、あることばを修飾することばを、それがかかる部分のすぐ前に置くことだ。また、誰・何がとどうした／どんなだ／何だは、なるべく離さない。

○①準備を行った後輩を、先輩が積極的に（は）助けなかったので、企画は成功しなかった。
○②積極的に準備を行った後輩を、先輩が助けなかったので、企画は成功しなかった。

もしくは、意味をより明瞭にするように、別のことばを使うとよい。

○②後輩が積極的に準備を行ったにもかかわらず、先輩が助けなかったので、企画は成功しなかった。

→提出用シート8課　ことばのエクササイズ、表現のエクササイズをやってみよう。

9課 ブック・トーク❸
詳しいブック・トークをもとにアウトラインを書く

目標 複数の本(記事)の比較を通じ、テーマについての理解を深める

　大学生にとって、複数の本(記事)を比較分析することは、情報伝達の構造を知り、卒業論文等の作成能力を高めるための第一歩となる。

プレタスク 「読み直しメモ」の自己チェックをする

　前回の活動で話題になった論点(議論の中の重要な点)を中心に、自分の担当の本(記事)で読み直したほうがよい部分についてもう一度読み、ワークシートの「読み直しメモ」を書いてくる。追加情報が多い場合は、「ブック・トークのための主張と根拠の構造メモ」の表を新たに書き直してもよい。前回の「構造メモ」と今回のメモとを使って、さらに深いブック・トークを行う。

「読み直しメモ」の例
前回のブック・トークで気がついた・今回までに読み足したこと
1. このグループの主な論点
2. 論点の中で特に重要だと思うところ
3. 他の本(記事)と比べて分かった担当部分の特徴
4. 読み直して追加した情報
　　▶　(　　　　)について：

> ▶（　　）について：
> ▶（　　）について：
5. 他の本(記事)との共通点・類似点、その例
6. 他の本(記事)との相違点、その例

タスク1　より詳しいブック・トークをする

①8課の「ブック・トークのための見取り図1」の中心部分を発展させて、より詳しい比較分析を行う。グループのメンバーが報告した内容を見て、それぞれの本や記事の情報の関連について考えてみる。主張が共通しているところや相違しているところを探し、気がついたことを図の中央の楕円部分に書きこむ。矢印や記号等を使うと、分かりやすい。この課の 便利なことば も使ってみよう。

②8課でもふれたように、同じ事実や現象に対して異なる解釈や評価をしているところがないかどうか注意する。そのような解釈や評価の違いは、なぜ生じているのだろうか。著者・筆者の立場を考えながら、違いの理由を考える。

③自分の考えはどの主張に近いか、理由も説明しながら、述べあう。

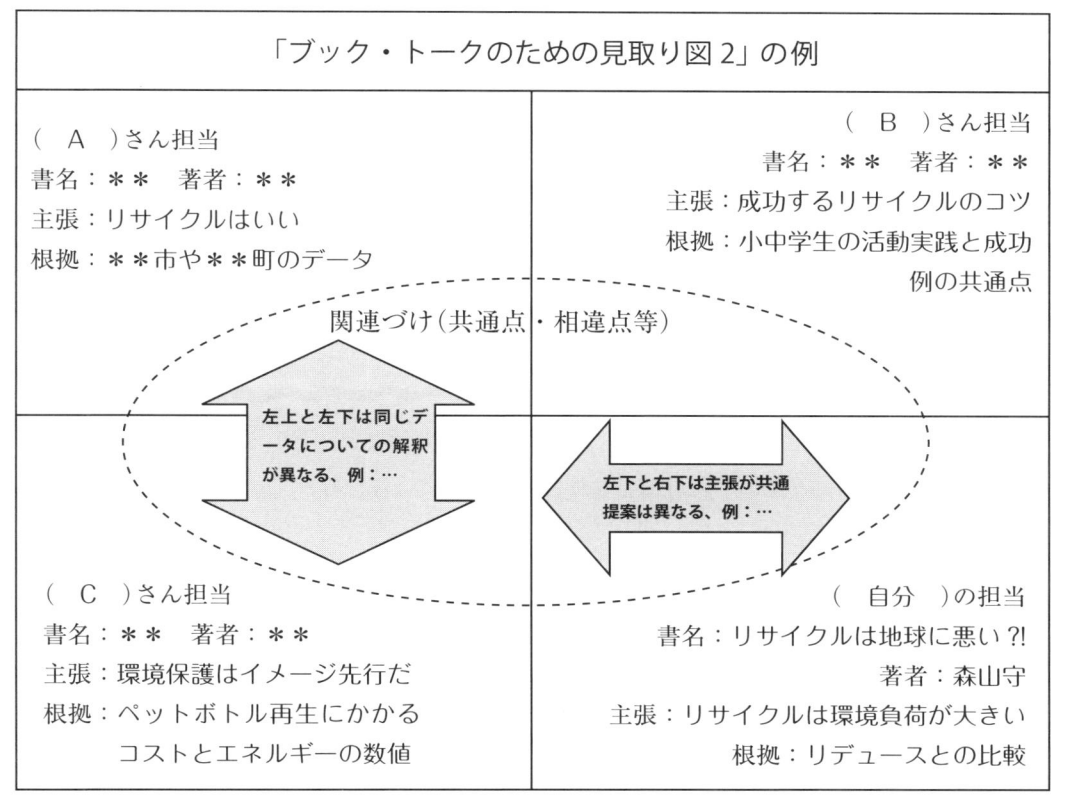

「ブック・トークのための見取り図2」の例

（　A　）さん担当
書名：＊＊　　著者：＊＊
主張：リサイクルはいい
根拠：＊＊市や＊＊町のデータ

（　B　）さん担当
書名：＊＊　　著者：＊＊
主張：成功するリサイクルのコツ
根拠：小中学生の活動実践と成功例の共通点

関連づけ(共通点・相違点等)

左上と左下は同じデータについての解釈が異なる、例：…

左下と右下は主張が共通　提案は異なる、例：…

（　C　）さん担当
書名：＊＊　　著者：＊＊
主張：環境保護はイメージ先行だ
根拠：ペットボトル再生にかかるコストとエネルギーの数値

（　自分　）の担当
書名：リサイクルは地球に悪い?!
著者：森山守
主張：リサイクルは環境負荷が大きい
根拠：リデュースとの比較

＊より詳しいブック・トークの会話例は、p.56参照。

タスク2　ブック・レポートのアウトラインを作成する

ブック・トークの内容をもとに、ブック・レポートを作成する。

　長い文章を書くときは、全文を書きはじめるまえの段階で、重要だと思うことを選び、構成を考えよう。その際に、以下のような手順で、メモからアウトラインを作っていくとよい。このアウトラインを作成することによって、ブック・トークでも自分の担当の本をより明確に説明することができる。

① 本(記事)を読んで、大事だと思うところ、重要だと思う主張とその根拠となる事例やデータを選択し、付箋をつけたり、線を引いたりする。

② 本から、大事だと思うことばや表現を抜き出してメモを作る(そのことばや表現の書いてあった頁数もメモしておくとよい)。

③ 本(記事)に対する自分自身の評価や批判を整理し、どのような順番でそれを書くかを考えて、別紙にアウトラインを作る(次頁モデルA、〈参考資料〉モデルB〜C参照)。

‖ポイント‖　アウトラインについての基礎知識

　レポートは「序論・本論・結論」の3部構成で書かれることが比較的多い。序論で問題提起を行い、本論でその論証を進め、結論では問題提起に答える、という形でまとめるというタイプである。しかし、今回は、1冊の本(1つの記事)を読んで書くブック・レポートというタイプなので、「概要・内容の紹介・本(記事)への評価と批判・本(記事)から学んだこと」というアウトラインを用いてみよう。もちろん、読んだ本(記事)から問題提起をはっきり打ち出せるのであれば、先に説明した「問題提起・論証(本(記事)の内容を紹介しながら評価と批判を重ねる)・結論」というアウトライン(〈参考資料〉参照)にしてもかまわない。

便利なことば　論点(相違点／共通点／類似点)　対照的な　〜という点(面／側面／傾向)　一方　これに対して　逆に　反対に　これとは対照的に　むしろ

便利な表現
【比較や関連づけの表現】
Aさんの本とBさんの本(記事)は、〜という点で異なっている(対照的だ／対立している／同じである／近い／似ている／似通っている)と言えます。／のではないでしょうか。
Aさんの本とBさんの本との共通点(相違点／類似点)は〜ということです。(という点にあると言えます。／のではないでしょうか。)

〈ブック・レポートのアウトラインのモデル A「紹介型」〉

　読んだ本や記事について、概要、各章や各段落の内容のまとめ、評価と批判、それを読んで学んだこと、等の項目を立て、レポートを書いてみよう。ブック・レポートのタイプはこの他にもさまざまなものがあるが、いずれの場合も、本や記事の内容の要約・引用と、自分自身の意見とを混在させないように気をつけよう。

レポートのアウトライン　モデル A「紹介型」	ポイント・工夫
Ⅰ．本書の概要① 　書名： 　　『命の海――人と海のつながり――』2001、みなと出版 　著者（海山太郎）の立場： 　　環境保護の活動家、NPO 代表 　主な内容： 　　25 年間の活動の経験と日本各地での調査結果 　調査手法：各地の人々への聞き取り、数値データ 　主な主張：「自然との共生は可能だ(pp.145–147)」	①まず、本や記事全体の特徴を紹介する。
Ⅱ．本書の内容② 　1 章のポイント： 　　B 村の調査での驚き、「共生の技術」 　2 章のポイント： 　　C 町での活動の記録から分かったこと 　3 章のポイント： 　　分析視点の転換、問題即応の視点から将来構想の視点へ 　4 章のポイント： 　…	②多くの内容の中から、特に（　　　　）たい箇所を選ぶ。
Ⅲ．本書への評価と批判③ 　評価したいところ： 　　「私たちだけが正しい」とは考えない著者の姿勢 　　感情や熱意だけでなく、データを重んじる姿勢 　批判したいところ： 　　データの取り上げ方の偏り　例：3 章(p.45) 　… Ⅳ．本書を読んで学んだこと 　学んだこと： 　　「複眼的思考(pp.45–52、p.148)」の大切さ 　　現場に出ることの大切さ（特に 1 章、2 章、5 章） 　　実現性重視の視点	③内容の要約・引用と読み手の本や記事への（　　　　）や批判を混在させないように注意する。

〈より詳しいブック・トークのモデル〉

下の例は、あるグループでのブック・トークのモデルである。もちろん、これ以外にもさまざまな形があるが、いくつかの基本的なポイントを確認してみよう。例を読んで、右側の（　）に入るポイント・工夫を考えよう。

より詳しいブック・トークの会話例	ポイント・工夫
B：Aさんの本と私の本とは、…について対照的な見方をしていますね。たとえば、Aさんの本では…したほうがよいと述べていますが、私の本では、…すべきではないと主張しています①。 A：そうですね。その対立の理由は、…というところにあると思います。同じデータでも②、その本は…に注目し、一方で、この本では…に注目していますよね。 B：でも、…については共通する部分もありますね。たとえば、…と…というところは、主張が似通っていますね。…	①複数の本や記事を（　　　）している。 ②同じ（　　　）での異なる主張に注目している。

タスク3　活動を振りかえる

今日の活動を通して、学んだことを振りかえり、ワークシートに書きこもう。

1) ブック・トークでの比較で分かったこと
 - 同じ話題について、どのような切り口がありうるか。
 - 著者・筆者の立場や主張の方向性によって、本の論じ方はどう異なるか。

2) 本や記事の論じ方について気づいたこと
 - 根拠がはっきりしている、納得できると思ったところの特徴は何か。
 - 根拠があやふやで、あまり納得できなかったところの特徴は何か。

宿題　発表用ポスターのレイアウトを考えてくる

次回は、グループでブック・トークの内容をまとめた発表用ポスターを作成する。今日のブック・トークで見えてきた主張や根拠の対立点を、分かりやすく示すためには、どのような見せ方をすればよいだろうか。A3用紙に、それぞれのレイアウト（紙面の割り振り、配置）のアイディアを描いてこよう。10課 プレタスク のポスターのレイアウト例を参考にするとよい。

〈参考資料〉アウトラインのバリエーション

　大学の科目で課されるレポートには、さまざまなタイプがある。つぎのタイプBやタイプCのアウトラインを完成させるには、どのような作業が必要だろうか。また、自分が今までに書いたレポートは、どのタイプに近いだろうか。これから大学生活で書くレポートとしては、どのような科目のレポートにどのタイプのアウトラインが適しているだろうか。

〈ブック・レポートのアウトラインのモデルB「問題提起型」〉
　自分自身が提起した問題を論じるために、資料として本を用いるタイプである。

レポートのアウトライン　モデルB「問題提起型」	ポイント・工夫
Ⅰ．問題の背景 　問題の背景：「自然との共生」が話題になっている 　キーワードの定義：「自然との共生」とは何か、海山 　　（2001）の定義（p.5） 　問題提起： 　　便利な生活と「自然との共生」は両立できるか① 　目標規定：自分の地元A市を例に共生の条件を考える② Ⅱ．生活面からの共生可能性の検討③ 　地元のA市の生活の40年間の変化と自然環境への影響 　自然と共生している海辺のB村の生活の事例 　　（同、pp.32-56） 　A市とB村の比較とA市の共生可能性の検討 Ⅲ．産業面からの共生可能性の検討 　地元のA市の産業発展と自然環境への影響 　海辺の自然を生かしたC町の産業振興の事例 　　（同、pp.72-90） 　A市の自然を生かした新たな産業振興の可能性の検討 Ⅳ．総合的な考察 　共生に成功した事例（同、各章）の共通点④ 　収入を維持しながら共生していくことは可能か 　自然と共生して生活する条件の検討と整理 Ⅴ．結論 　いくつかの条件の下で、A市でも自然と共生した生活 　は可能だ	①本から触発された問題について提起する。 ②論じる範囲と（　　）を規定する。 ③自分の論じたい話題と本や記事から（　　）した情報とを関連づけながら論証する。 ④本や記事から（　　）したところと自分の意見を混在させないように注意する。

〈ブック・レポートのアウトラインのモデルC「比較分析型」〉

　グループのメンバーが担当した本、4冊すべてを読んで、論点ごとに比較検討したタイプである。

レポートのアウトライン　モデルC「比較分析型」	ポイント・工夫
Ⅰ．リサイクルの是非をめぐる論点① 　1）リサイクルの是非をめぐる論点の整理 　2）このレポートの目標 　　賛成派と反対派の主張を比較検討し、解決策を提案する	①多くの情報から（　　）を整理し、目標を設定する。
Ⅱ．コストの面からの対立点② 　1）リサイクル賛成派の指摘 　　ペットボトルの生産と回収のコスト比較 　　（木村2003、p.12） 　2）リサイクル反対派の指摘 　　回収・洗浄・再生の高コスト（森山2005、pp.45-62） 　3）両者の比較③ 　　両者の前提の相違点と共通点	②論点の（　　）する箇所を比べる。 ③何が違いの原因になっているのかを分析し、自分自身の（　　）や（　　）を述べる。
Ⅲ．環境負荷の面からの対立点 　1）リサイクル賛成派の指摘 　　資源を使い続ける危険の指摘（環境研2008、pp.48-68） 　2）リサイクル反対派の指摘 　　リサイクルで発生する二酸化炭素 　　（林2009、pp.120-134） 　　リサイクルよりリユース、リデュースのほうが、環境負荷が低いことの指摘（森山2005、p.126-145） 　3）両者の比較 　　どの時点の環境負荷を問題にするのか	
Ⅳ．結論④ 　リサイクルで安心してしまうことの盲点 　現在の解決策と将来の解決策の提案	④比較検討した上で、自分自身の（　　）を出す。

日本語エクササイズ

➤ ことばのエクササイズ【書きことば的表現（名詞句化2）】

「○○の××」ということばは、そのままだと意味がさまざまで、分かりづらいことがある。たとえば、「A大学の調査の結果を報告する。」と言った場合、つぎのような可能性が考えられる。

① A大学での・A大学における調査　　「実施場所」
② A大学による調査　　　　　　　　　「調査主体」
③ A大学に対する調査　　　　　　　　「調査対象」
④ A大学に関する調査　　　　　　　　「調査の話題」
⑤ A大学としての調査　　　　　　　　「調査実施者の立場」

意味を誤解されないように伝えるためには、「○○の××」ではなく、＿＿＿の表現のようにした方が確実な場合がある。

‖問題‖ つぎの文の「○○の××」を、意味が明確になるように言い換えてみよう。
① Xさんがゴミを庭に大量に積み上げていることは、いまやこの町の全住民の問題となっている。
② リサイクルできるものをゴミとして捨てる住民が多いことや、ゴミの分別をしない住民がいることは、観光客ではなくこの町の住民の問題だ。

➤ 表現のエクササイズ【並列のバランスのチェック1】

‖問題‖ つぎの文の＿＿＿部分と＿＿＿部分はバランスがとれているだろうか。
×① この大学は、就職率の高さと渋谷駅前が魅力である。
×② エントリーシートと就職活動を成功させるには、日ごろの努力が必要だ。
×③ 部費が高いことと少人数が、わがサークルの改善すべき課題である

「AとB」の含まれている文では、AとBの形や意味のバランスをよく考えよう。

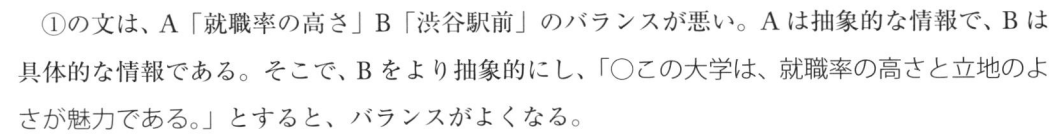

①の文は、A「就職率の高さ」B「渋谷駅前」のバランスが悪い。Aは抽象的な情報で、Bは具体的な情報である。そこで、Bをより抽象的にし、「○この大学は、就職率の高さと立地のよさが魅力である。」とすると、バランスがよくなる。

②の文では、Aの「エントリーシート」はBの「就職活動」に含まれる用語であり、並べるのはおかしい。「エントリーシートと」を削除し、「○就職活動を成功させるには、〜。」とするか、Aに合わせてBも具体的にし、「○エントリーシートや面接などの就職活動を成功させるには、〜。」とする。

③は、A「部費が高いこと」とB「少人数」の形が異なるので、バランスが悪い。Bを「人数が少ないこと」とし、「○部費が高いことと人数が少ないことが、〜。」とするとよい。

→提出用シート9課　ことばのエクササイズ、表現のエクササイズをやってみよう。

10課　ブック・トーク❹
ポスター発表を準備する

目標　ポスターの効果的なレイアウトを考え、発表の準備をする

　発表は、その場で「上手に」やって、終えることだけが目標ではない。発表のために伝えたいことを構造化し、より分かりやすい図示の方法や発表の構成を考え、練習の過程で考えを練ることも、大学生としての学習の目標に含まれる。また、発表を練り上げる中で、発表に対してコメントを述べあうことも、考えを深めるきっかけとなる。

> どう示せば、聞き手に分かるかな？

プレタスク　ポスターのアイディアを説明する

①各自が考えてきたポスターのレイアウトを見せあって、意図を説明する。
②どのアイディアがよいか、話しあう。
③次頁の例も参考にして、改善を加えながら、ポスターの下書きを作成する。

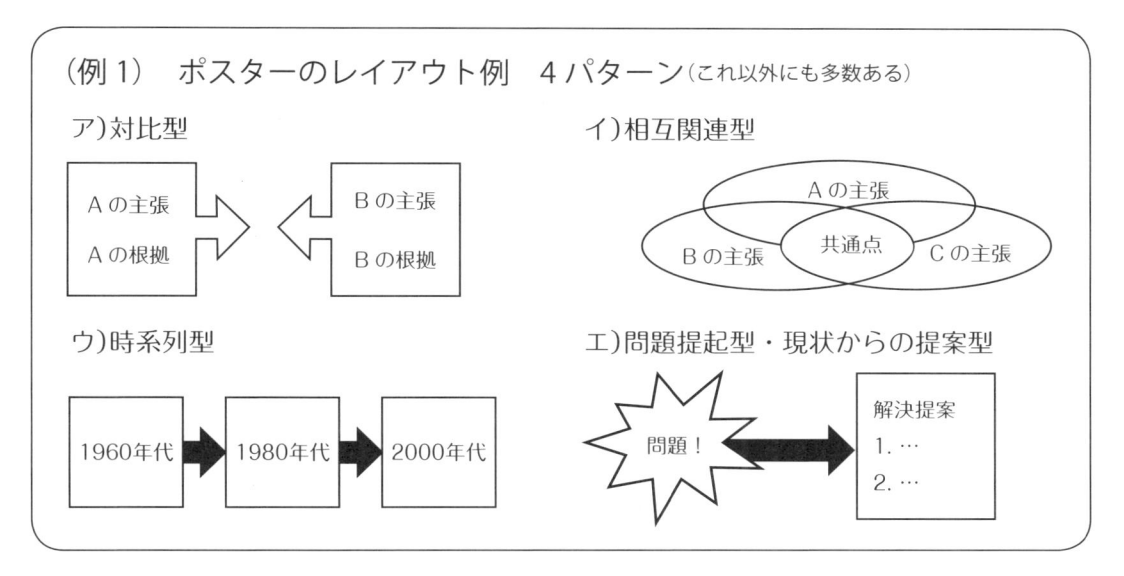

（例1）　ポスターのレイアウト例　4パターン（これ以外にも多数ある）

ア）対比型

```
┌─────────┐        ┌─────────┐
│ Aの主張  │───▶  ◀───│ Bの主張  │
│ Aの根拠  │        │ Bの根拠  │
└─────────┘        └─────────┘
```

イ）相互関連型

Aの主張／Bの主張／共通点／Cの主張

ウ）時系列型

1960年代 ▶ 1980年代 ▶ 2000年代

エ）問題提起型・現状からの提案型

問題！ ◀▶ 解決提案 1…　2…

タスク1　ポスター発表の準備をする

① 各自のアイディアのよいところを組みあわせて、グループでのポスター発表の下書きを作成しよう。その下書きでうまく説明できるかどうか試してみてから、清書する。発表時間は、指示に従う（通常は各グループ10〜15分程度）。

② 本や記事の報告に加え、グループとしての意見やメッセージ部分を考え、ワークシートに書く。

‖ポイント‖　それぞれの本や記事の主張の対立点、共通点がはっきり分かるように、ことがらを項目や側面に分けて、比較をしてみよう。相手のアイディアに反論する際には、よりよい対案をできるだけ多く考えよう。

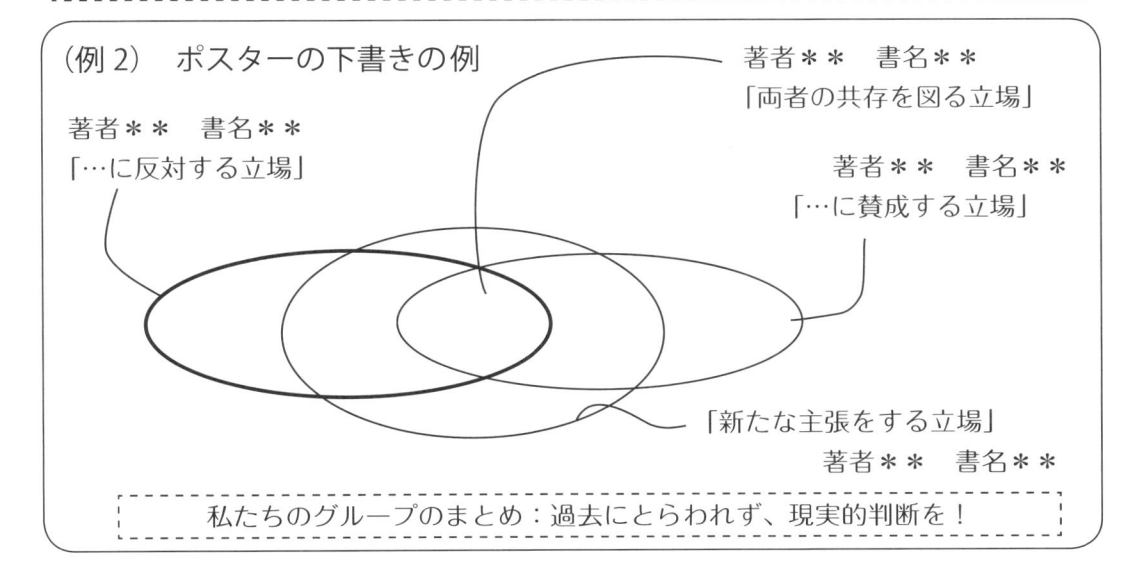

（例2）　ポスターの下書きの例

著者＊＊　書名＊＊
「両者の共存を図る立場」

著者＊＊　書名＊＊
「…に反対する立場」

著者＊＊　書名＊＊
「…に賛成する立場」

「新たな主張をする立場」
著者＊＊　書名＊＊

私たちのグループのまとめ：過去にとらわれず、現実的判断を！

10課

タスク2　発表のリハーサルをする

①メンバーの発表持ち時間の配分と、それぞれの話す内容を考える。

②実際に時間を計りながら話してみる。

③聞き手の気持ちになって、発表のポイントを点検する。下記の点がはっきりと説明されていたかどうか、お互いに点検し、ワークシートにメモをする。

- 発表の全体像と目的(発表の冒頭の部分で)
- 個々の本(記事)のキーワード、主張とその根拠
- 個々の本(記事)の対立や類似の関係、記号や図形の意味
- このブック・トークから伝えたいメッセージ

④キーワードにも工夫してみよう。耳で聞いて理解しにくい表現は、言い換えも考えよう。この課の 便利なことば や 便利な表現 も使ってみる。

⑤グループ全員が発表の概要を理解したうえで、各グループから1名が他のグループに移動して、聞き手の役割をしてみる(抜けた1名の発表内容は他のメンバーが補完する)。リハーサルの終了後、聞き手は気がついたことを発表者グループに伝える。

⑥聞き手からの指摘を参考に、修正や練習を加え、もう一度発表してみる。

便利なことば

【発表の流れを説明する表現】　全体像／概要／流れ　俯瞰する／概観する　焦点／ポイント
前者／後者／両者　どちらも／いずれも　注目する／焦点を絞る／～に着目する
まとめる／整理する

便利な表現

【発表の構造や要点を説明する表現】

本発表では、～(という点)に注目して(～に焦点を絞って／～に着目して)　事例(データ／エピソード)を取り上げます。

まず、全体像を俯瞰します。／重要なポイント・発表の流れ を示します。

キーワードは～、つまり／すなわち、～ということです。

【学んだことや分かったことを伝える表現】　これらの比較／まとめを通して～ということを学びました。(痛感しました・改めて感じました。／～ということが分かりました・明らかになりました・窺えました・示唆されました。)

〈発表のモデル〉

　下の例は、あるグループが行った発表リハーサルでの説明である。もちろん、これ以外にも、さまざまな説明の形があるが、いくつかの基本的なポイントを確認してみよう。右側の（　）に入るポイント・工夫を考えよう。

発表リハーサルの例	ポイント・工夫
発表者1　本発表では、…という点に着目して、4冊の本（記事）を比較してみました。特に、…に注目して／…に焦点を絞って、それぞれの本の事例・データ・エピソードを取り上げて紹介したいと思います①。 　まず、発表の流れを示します。はじめに、…、つぎに、…、さらに、…、最後に…という順序で発表します②。 　こちらの図をご覧ください。この部分は…を示しています。この、図形が重なった部分は…を示しています③。 **発表者2**　1冊目は『…』という本です。この本のキーワードは…、すなわち、…ということです。たとえば、例として…等があります④。 　…著者は、…について…と主張しています。その根拠は…ということです。こちらがそのデータです⑤。たとえば、…。 　この本には、批判すべき点と評価すべき点があると思います。批判すべき点は…がやや弱いということです。評価すべき点は…が優れているということです。 **発表者3**　…つぎに、『…』という本について紹介します。 **発表者4**　…最後に、4冊の本の共通点と相違点を説明します。 … 　これらの比較・まとめを通して…ということを改めて感じました。…ということが分かりました⑥。	①発表の（　　　　）を最初に明確にしている。 ②発表の（　　　　）を説明している。 ③記号や（　　　　）が何を表すかを具体的に説明している。 ④難しいことばを別の言い方で（　　　　）。 ⑤主張を支える（　　　　）を示す。 ⑥本に書いてある情報と、本に対する発表者の（　　　　）とは分けて示す。

タスク3　活動を振りかえる

今日の発表準備という活動を通して学んだことを振りかえり、ワークシートに書きこもう。

1) 自分の説明について
- 分かりやすく伝えるために、どのような工夫をし、どんな表現を用いたか。
- 相手の興味に合わせて説明を調整できたか、改善すべき点は何か。
- グループ活動に対してどんな役割を果たした・果たすべきだったか。

2) 他者の説明について
- どのような説明や工夫が印象に残ったか、よくない説明との差は何か。

宿題　発表の練習をする

次回は、実際にクラス全体でポスター発表会を行う。それぞれのパートについて十分練習し、かつグループ全体での時間管理や役割分担についても、きちんと確認して、練習をしてこよう。準備が不十分なままで発表に臨むのは、聞いてくれる人の時間をむだにしてしまうことになるのだ。

応用タスク　発表の改善案を考える

つぎのA、Bは、2つのグループの発表練習の一部である。これらの説明は、何が足りないだろうか。どこをどう改善すればよいだろうか。

A「私たちのグループが読んだ本は、どれも職のない若者について書かれたものです。著者にはいろいろな人がいますが、全員、中年以上です。心理学者とかキャリアカウンセラーとか起業家とか、なんだか偉い人たちみたいです。それぞれ、失業対策とか職業訓練とか若者の自己肯定感とか、いろいろなことを言っていますが、著者自身が若者ではないので、どれも現実的ではありません。結局、若者のつらさは、若者同士でないと、分からないと思います。」

B「まず、この本にある1980年代と2000年代との日本の若者の就業率の違いを説明します。1981年には…。つぎに、この本に書かれていた、イギリスの若者向けの職業訓練ですが、1週間に20時間以上です。それから、この本から、ある引きこもりの若者の3か月間のエピソードを紹介します。たとえば、彼は毎日午後1時ごろ起きて…。以上で報告を終わります。」

日本語エクササイズ

▶ ことばのエクササイズ【書きことば的表現（レポートや論文の表現）】

‖問題‖ つぎの文の下線部の表現は、一般的な文章では使われることもあるが、レポートや論文では使われない表現である。レポート・論文にふさわしい表現に直しなさい。

①この論文では、農業の重要性について言いたい。
　→_____では、農業の重要性について_____たい。

②リサイクルについては、今までに書いたように、必ずしも環境によいとは言えないという意見もある。
　→リサイクルについては、_____ように、必ずしも環境によいとは言えないという意見もある。

③これは、重要な問題。　→これは、重要な問題_____。

　③は、新聞や雑誌など、スペースの限られた場合や特別な効果を出したい場合に使う「体言（名詞）止め」の文になっている。レポートや論文では、「名詞＋だ／である」とする。

▶ 表現のエクササイズ【並列のバランスのチェック２】

‖問題‖ つぎの文の＿＿＿部分と＿＿＿部分はバランスがとれているだろうか。

×①大学では、英語の習得に努力し、その一方で、テニスのサークルがおもしろかった。

×②アルバイトの勤務時間やアルバイト業務の負担が重くなり、大学での勉学がおろそかになってしまった。

つりあってる？

　この①と②も、並列の「AとB」と同様に、A、Bの形や意味のバランスに気をつけよう。①の文では、Aは「(私は)英語の習得に努力した」、Bは「サークルがおもしろかった」となり、「誰が・何が」の部分が一致しないので、バランスが悪いと感じる。Aの「(私は)」に合わせて、「(私は)英語の習得に努力し、その一方で、テニスのサークルも楽しんだ。」とするとよい。

　②の文は
　　A：アルバイトの勤務時間
　　B：アルバイト業務の負担　｝が重くなり、〜

と読めるので、「アルバイトの勤務時間が重くなる」というおかしな表現になってしまう。「○アルバイトの勤務時間が長くなり、業務の負担が重くなったので、〜。」とするか、「○アルバイトの勤務時間数や業務負担の増加のために、〜。」のようにA、Bに共通して使える語（ここでは「増加」）で受けるとよい。

→提出用シート10課　ことばのエクササイズ、表現のエクササイズをやってみよう。

11課　ブック・トーク❺　発表する

目標　ポスター発表と、発表への質問・コメント・評価を通じ、考察を深める

　この課では、発表と同時に、お互いの発表への質問・コメント・評価を行い、今後のよりよい発表のためのヒントを得る。また、発表を通して、読んだ本(記事)やグループのテーマについても考えを深める。大学での発表は、意見の交換や考えるきっかけのために行うものでもある。

プレタスク　発表直前の準備と最終確認を行う

最終チェックリストを用いて、それぞれの担当者と役割とを確認しよう。

項目	チェック内容	チェック欄
話す順序と時間配分 役割分担	◆ 誰がどのパートを何分間話すか	
	◆ 各パートで必ず言わなければならないことを理解しているか	
	◆ 話し手以外の人は、何を手伝うか	
	◆ 話し手以外は、どこに立つか	
演出	◆ 演出として用意することは何か	
出だしのインパクト	◆ 聴衆への問いかけ等があるか	
	◆ 冒頭に全体の概要を示しているか	
図の説明のし方	◆ 図の説明は適切か、誰が図を示すか	
難しいことばの扱い	◆ 難しいことばを言い換える説明は準備したか	

小括・総括のし方	◆ パートごとのまとめは誰が言うか
	◆ 最後のまとめは誰が言うか
	◆ まとめと前半とで内容に矛盾がないか
質問への対応	◆ 質問の予想・答えの準備はあるか

タスク1　発表する・発表を聞く

1) 発表者は、聞き手を見て反応に注意し、説明の強弱も工夫しながら発表する。
2) 聞き手は、つねに質問やコメントを考えながら聞く。また、発表者が紹介する本（記事）を読みたいかどうか、特に知りたい内容は何か等を考えながら聞く。

‖ポイント‖ 発表を聞きながら、流れを頭の中で再構成し、下記のア）〜ウ）を考えてみよう（構成についてワークシートにメモを取りながら聞いてもよい）。
　ア）「つまり、…という本では…と主張しているということか」
　イ）「つまり、…と…との違いは…ということか」
　ウ）「つまり、このグループの人たちが強調したいのは…ということか」
再構成しにくいところ、しやすいところは、どのようなところだろうか。なぜ、そのような違いが出たのだろうか。

タスク2　質疑応答を行う・コメントシートを書く

「コメントシート」の例
発表グループ名：環境問題グループ　　記入者：佐藤真理子
発表のし方：
　視覚：項目の対比関係が分かりやすい、イラストも効果的
　話し方：林さんは声が大きくて分かりやすい
　　　　　山田さんが、難しいことばを易しく言い換えてくれたのがよかった
本や記事の内容：
　Aの本の事例は成功例に偏っている気がする
　Bの本は、分析の切り口が新しくておもしろそうだ
発表者のまとめ方：
　AとCの本の対比には納得できた

①聞き手は、発表に対して質問やコメントを出すことで、発表者に貢献できる。この課の 便利な表現 も使いながら、質問しよう。
②話し手も、便利な表現 を参考にしながら答えよう。発表での質疑応答がこれから書くレポートの改善につながることもある。質疑応答のあとで、ポイントをメモしておくとよい。
③時間内に伝えられなかった質問やコメントをコメントシートに書き、発表者に渡す。

便利なことば
【発表や質問を行う際の表現】 分析　見方　面　点　要素　原因　側面　可能性　質問　指摘　たしかに　一方で　貴重な　興味深い

便利な表現
【発表者に確認する表現】
「…」というのはどういうもの(こと／意味)ですか。
さきほど…とおっしゃいましたが、それは筆者・著者の意見／見解ですか、それとも○○さんの意見／見解ですか。
その意見・主張には、根拠／データとしてどのようなことがありますか。

【質問する表現】
大変興味深いご発表、ありがとうございました。
2つ質問があります。質問が1つとコメントが2つあります。
○○さん自身は…についてどう考えますか。
…について…と分析していましたが、他の見方はないでしょうか。
たとえば…という見方・解釈はできないでしょうか。(可能性はないでしょうか。／要素・原因・側面も考えられるのではないでしょうか。)

【質問に対して答える表現】
(貴重な)ご指摘(ご質問／ご意見／情報)、ありがとうございます。
たしかに…ですが／という面もありますが、しかし／一方で…。
たしかに…という見方もありえると思いますので、検討してみます。
…については、今回の発表では取り上げませんでしたが、今後、検討してみたいと思います。

〈質疑応答のモデル〉

下の例は、あるグループの発表での質疑応答である。もちろん、これ以外にも、さまざまな質疑応答の形があるが、いくつかの基本的なポイントを確認してみよう。例を読んで、右側の（　　）に入るポイント・工夫を考えよう。

発表への質疑応答の例	ポイント・工夫
発表者：…以上で環境問題グループの発表を終わります。ご清聴ありがとうございました。ぜひ、ご質問をお願いいたします。 聞き手：さっき、「…」とおっしゃいましたが、それはどういうものですか①。 発表者：それは、…ということです。たとえば…。よろしいでしょうか。 聞き手：さきほど…とおっしゃいましたが、それは著者の意見ですか、それとも○○さんの意見ですか②。 発表者：…という部分は著者が書いていたことですが、…という部分は、私自身の見方です。 聞き手：その…という主張には、データとしてどのようなことがありますか③。 発表者：たとえば、…や…を、著者はデータとして挙げています。根拠としては、著者は…と述べています。 聞き手：さきほど、…について…と分析していましたが、他の見方はないでしょうか。たとえば、…という見方はできないでしょうか④。 発表者：貴重なご指摘、ありがとうございます。たしかに、…という面もありますが、一方で…という面もあります。…については、…という見方もありえると思いますので、さらに検討してみます⑤。	①不明な点を（　　　）する。 ②発表者と本（　　　）の著者・筆者の（　　　）の違いを明確にする。 ③主張の（　　　）に注意しながら聞く。 ④別の見方ができないか、考えながら聞く。 ⑤質問や意見への（　　　）を示し、誠実に答える。

11課

タスク3　活動を振りかえる

今日の発表、質問・コメントという活動を通して、学んだことを振りかえり、ワークシートに書きこもう。他のグループの発表に対する総合的な評価も書こう。

1) 自分のグループの発表について
- 聞き手の反応はどうだったか、聞き手からどんな刺激を受けたか。
- 自分の話し方や質問への答え方はどうだったか。
- グループの発表の観点、構成はどうだったか、自分はグループにどのような貢献ができたか・行うべきだったか。
- 発表を通して、自分やメンバーが読んだ本(記事)について、新たに気づいたことがあるか。
- もっとよい発表にするために何ができるか。
- 聞き手からもらったコメントはどのようなものが多かったか、それを読んで気づいたことは何か。

2) 他のグループの発表について
- 自分にとって新しかった情報、有益だった情報は何か。
- その発表の観点、構成は理解しやすく、納得できるものだったか。
- 話し方や説明のし方について、気がついたことは何か、他のグループの発表から「盗める技」(学べる技術)は何か。
- それぞれのグループの発表をもっとよくするとしたら、どこをどう改善すべきか。

宿題　本(記事)の引用すべきところに付箋を貼る

次回は、自分のレポートに本(記事)を引用する練習をする。その準備として、本(記事)の中の重要だと思うところ、レポートの中で引用して紹介すべきところに付箋を貼っておく。

応用タスク 有益なコメントについて考える

　あなたにとって、どのようなコメントが最も有益だと思うか。以下のコメント例を比べてみよう。

◆ コメントシート①
　みんながんばっていたと思う。笑顔がよかった。分かりやすかった。

◆ コメントシート②
　Aの本の「仕事に就けないのは若者にも責任がある」という主張に対して、発表者たちは全面的に反対していたが、その本の中の「若者の企業選択には偏りがある」という指摘には一理あるのではないか。

◆ コメントシート③
　Bの本の著者が「若者へのキャリア教育の効果は小さい」との主張を紹介していたが、私の経験では、この2、3年でキャリア教育の方法はかなり実践的になってきており、効果も上げていると思われる。この本はもっと最近の多様な事例を取り上げるべきではないか。

この課に日本語エクササイズはありません。

12課 ブック・レポート❶
情報を引用しながらブック・レポートを書く

目標 ブック・レポートに読んだ本(記事)の情報を正しい形式で引用する

大学のレポート等では、他者の書いた著作等から引用する必要が生じる。他者の書いたものを自分の書いたもののように取りこんではならない。また、引用のやり方を誤ってしまうと、剽窃(他の人の文章を盗んだもの)とみなされて、成績が不可になることもある。注意しよう。

本から写すだけじゃだめなの？

プレタスク レポートで引用を行った部分の間違いを探す

以下のAとBとCはつぎの文章を自分のブック・レポートに引用したものだ。いずれも不適切な箇所がある。それぞれの文について、どこが不適切かを指摘し、ワークシートに書きなさい。

> 早期からのリスニング教育は、英語が苦手な人でもそのような苦手意識をなくせる最も有効な方策である。したがって、英語教育を開始するのが中学校では遅すぎる。
> (田中太郎 2005『早期英語教育のすすめ』p.23, 鈴木書店)

A：早期からのリスニング教育が英語への苦手意識をなくす最も有効な方策であると思う。

B：早期からのリスニング教育が英語への苦手意識をなくす最も有効な方策だそうだ。

C：田中(2005)によると、「早期からのリスニング教育は、英語が苦手な人でもそのような苦手意識をなくせる最も有効な方策である」という。したがって、英語教育を開始するのが中学校では遅すぎる。

> 便利なことば

(引用内容)とする／述べる／結論づける　指摘(分析／説明／主張／批判／評価／解釈／報告)する　〜に言及する／触れる　〜を挙げる／提案／提示する

> 便利な表現

【直接引用】

1)「　」＝かぎかっこを使用：「　」をつけて、原文の表現のまま引用する。

＊本や記事を１種類だけ引用する場合、本は「著者」、記事は「筆者」を用いることが多い。

＊文系のレポートで、多くの文献を用いる場合は、「著者名(出版年)」とすることが多い。

- 著者は／田中(2005)は、早期からのリスニング教育について、「英語が苦手な人でもそのような苦手意識をなくせる最も有効な方策(p.23)」としている(述べている・書いている・言っている・結論づけている)／と指摘(説明・主張・評価)している。

- 著者／田中(2005)によると／よれば、「早期からのリスニング教育は、英語が苦手な人でもそのような苦手意識をなくせる最も有効な方策(p.23)」であるという。

2)字下げ：比較的長い原文や複数の文からなる原文をそのまま引用する際は、２字下げる。

- 著者は／田中(2005)は、早期からのリスニング教育について、以下のように述べている／結論づけている／指摘(主張・評価)している(p.23)。

　　　早期からのリスニング教育は、英語が苦手な人でもそのような苦手意識をなくせる最も有効な方策だと考えられる。したがって、英語教育を開始するのが中学校では遅すぎる。

【間接引用】

1)要約文：長い文章を短くして、「　」をつけずに引用する。

- 著者は／田中(2005)は、早期からのリスニング教育について、英語への苦手意識をなくす最も有効な方策としている(述べている・書いている・言っている・結論づけている)／指摘(説明・主張・評価)している(p.23)。

2)箇条書き：本や記事から読み取ったことを箇条書きで引用する。

- 著者は／田中(2005)は、長年の日本国内での英語教育での実践の結果から、早期英語教育について以下の①〜②のように述べている(主張している・提案している)／以下の①〜②のような提案をしている。

①早期からのリスニング教育は、英語への苦手意識をなくす最も有効な方策であり、中学校から開始するのでは遅すぎるので(p.23)、小学校中学年から開始するべきである(p.24)。

②小学校段階の英語教育は、文法よりも発音の指導に重点を置き、歌や演技等を取り入れた楽しめるものにすべきである(pp.27–29)。

＊間接引用では頁数をつけないことも多い。

3)著者・筆者の行為の要約：著者・筆者の行為を要約して記述する。

- 著者は／田中（2005）は、〜の例として〜を挙げ（紹介し／提示し）、〜ということを示している／訴えている／提案（提言・強調・警告）している。
- 著者は／田中（2005）は、〜のデータに基づき／〜を根拠に…という主張を展開している。

タスク1　直接引用・間接引用（要約して引用）の練習をする

　下の囲み部分は、環境省が発行した『平成22年版環境白書・循環型社会白書・生物多様性白書』（以下、『環境白書』と呼ぶ）の一部分である。この本の担当になったつもりで、｛a．b．c．｝から表現を選び、ワークシートに書きこもう。

第3章　生物多様性の危機と私たちの暮らし ―未来につなぐ地球のいのち―
第1節　加速する生物多様性の損失
（中略）
…では、生物多様性によって、私たち人間はどのような恩恵を受けているのでしょうか。生態系の多様性があることで、森林が光合成によって酸素を生み出したり、水源をかん養したりすること、河川が肥沃な土壌をもたらしてくれること、干潟が汚れた水を浄化してくれること、サンゴ礁が多くの種の産卵、成育、採餌の場であって豊富な魚介類をもたらしてくれることなど、さまざまな恩恵があります。人間はこのような環境のなかで進化し、文明を築いてきました。種の多様性があることで、人間は、これらの多様な生きものの中から利用できるものを探し、穀物や野菜、家畜など、食料を大量に生産できる方法を生み出し、食料の確保を容易にするといった恩恵を受けました。さらに、遺伝子の多様性は、「生物多様性があること」の全体を支えており、人間も含めた地球の生物にとって欠くことのできないものであると認識しなくてはなりません。
（中略）
　また、2009年（平成21年）11月に国際自然保護連合（IUCN）が発表したIUCNレッドリストによると、評価対象の47,662種のうち17,285種が絶滅危惧種とされ、前年の結果よりも363種増加していました。絶滅の危機に追いやる要因は、生息地の破壊が最も大きく、そのほか、狩猟や採集、外来種の持ち込み、水や土壌の汚染など多岐にわたります。評価を行った哺乳類（5,490種）のうち21％、両生類（6,285種）のうち30％、鳥類（9,998種）のうち12％、爬虫類（1,677種）のうち28％、魚類（4,443種）のうち32％、植物（12,151種）のうち70％、無脊椎動物（7,615種）のうち35％が、絶滅の危機にさらされていることが分かりました。私たちは、生物がもつ未知の遺伝子という有益な財産を急速に失っていることになります。
（「平成22年版環境白書」より作成）

　『環境白書』は、生物多様性による恩恵の｛a．例　b．データ　c．事案｝として、光合成や水源、土壌、干潟による水の浄化、食糧の大量確保等を｛a．触れ　b．訴え　c．挙げ｝、遺伝子の多様性は「人間も含めた地球の生物にとって欠くことのできないものである」と｛a．主張　b．分析　c．提示｝している。また、IUCNレッドリスト（2009年発表）｛a．に基づき　b．によると　c．によれば｝、絶滅の危機にある種の多さを｛a．言及　b．指摘　c．提案｝し、人類は「生物がもつ未知の遺伝子という有益な財産を急速に失っている」と｛a．紹介　b．提言　c．警告｝している。

タスク2　引用した文章に対する自分の評価を書く

　引用は、自分のレポートや論文に他者の文章から情報を取り入れることだが、その際には、引用した文章に対する評価や批判を自分の文章に示す必要がある。

①まず、引用したことに賛成か反対か、その理由は何かを考える。

②引用と自分の評価を混同させないように注意しながら、自分の文章を書く。以下の例を参考に、実際に自分の担当する本や記事から引用し、評価を書こう。

【引用の例】　著者は添加物の長期の摂取の危険性について事例を挙げて説明し、…という条件においては「長期的に摂取してはいけない」(p.173)と結論づけている。

→【引用のあとに批判が続く例】　たしかに、著者の指摘した障害の発生可能性は高く、過去に発生例もある。しかし、…だからといって、つねに摂取が危険であるとは限らない。むしろ、短期的には効果がある可能性もある。したがって、この提案には賛同しかねる／同意できない。

→【引用のあとに肯定的評価(賛成)が続く例】　たしかに、著者の指摘した障害の発生可能性は高く、発生例も複数あることから、この提案は妥当であると言える。

〈レポートの文章(引用と評価の部分)のモデル〉

　下の例は、ブック・レポートの例である。もちろん、これ以外にもさまざまなレポートの形があるが、いくつかの基本的なポイントを確認し、右側の(　)に入るポイント・工夫を考えよう。

ブック・レポートの例(「紹介型」)

海山太郎著『命の海―人と海のつながり―』を読んで

Ⅰ．概要①

　この本は環境保護の活動家である著者が、25年間の運動を通して知った海の大切さを、一般の読者に向けて書いたものだ。「環境破壊は悪い」と叫ぶだけでなく、実際に海とうまく共存している地域の人々の知恵を紹介し、今の日本人にできることを提案したうえで、「自然と人間との共生は可能だ」と結論づけている(pp.145–147)。以下では、本の概要を紹介し、特に…の面から内容を検討し、この本を読んで学んだことをまとめたい②。

Ⅱ．各章の主な内容

　第1章「海の民の知恵」では、著者が20年かけて集

ポイント・工夫

①本の著者の(　　　　)、本の対象者と目的等を述べる。

②レポートの目標を述べる。

めた、日本や東南アジアの漁村での生活の知恵を、例を挙げて紹介している。たとえば、東北のある村では…であるという。著者はこれらの知恵を「共生の技術」と呼び、「工業化とともに消えつつある」と警告している(p.14)③。

　第2章「失われた海」で著者は、海の環境について住民全体が責任を持つべきだと主張している(p.23)。その根拠は、現地調査で得たデータである。調査によれば、…という状況だという(pp.25–32)。…。

　第3章では、著者は分析の観点を変え④、事例をもとに…。

Ⅲ. 評価と批判⑤

　本書に対して、評価したい点が2つ、批判したい点が1つある。評価したい点の1つは、著者の姿勢だ。著者は決して「私たちだけが正しい」という態度をとらず、つねに…。

　批判したい点は、一部のデータの扱い方に偏りが感じられる点である。たとえば、第3章(p.45)で取り上げた事例は、…。

Ⅳ. 本書を読んで学んだこと⑥

　本書を読んで、大きく分けて3つのことを学んだ。それは、複眼的視点、現場に出ることの大切さ、実現性重視の姿勢だ。まず、複眼的視点というのは、…。

　今まで「環境問題」についての私の考えは、かなり観念的だった。たとえば、…。しかし、この本を読んで、私の考えはやや変わった。それは…。

💬③各章の内容について主張とその理由・(　　　)に注目しながらまとめる。

💬④(　　　)一段落には一話題のみでまとめるようにする。

💬⑤評価と批判を、(　　　)を挙げながら述べる。

💬⑥本(記事)を読み、読み手自身が学んだことをまとめる。

タスク3　活動を振りかえる

　引用のし方と評価・批判の書き方について学んだことを振りかえり、気づいたことをワークシートに書こう。

宿題　ブック・レポートを完成する

　本や記事からの引用と自分の評価・批判との区別に注意しながら、ブック・レポートを完成させよう。

応用タスク その他の形式で引用を行い、文献リストをつける

　複数の情報源から引用する場合で、データや事実が重要であって、それぞれの著者・筆者の意見や表現の違いが重要ではない場合には、以下のような文献番号方式の引用も使われる。

【データを引用し、評価を加える】

　2010年段階では、評価が行われた哺乳類(5,491種)のうち21％、両生類(6,296種)のうち30％もの生物が絶滅の危機にある[1]。このように、絶滅危惧種は相当の数に上っており、一刻も早い対策が必要である。たとえば、希少な動植物の取引に対する国際的な取り決めであるワシントン条約への加盟国数は、1975年(昭和50年)の18か国から平成22年2月時点で175か国へと増加してきている[2]。こういった国際レベルの取り組みは、今後ますます重要になるだろう。

【文献番号方式（使用順）での文献リストの例（理系に多いタイプ）】

1) IUCN（国際自然保護連合）．"IUCNレッドリスト2010掲載種数―分類群別にみた世界の絶滅のおそれのある動物種数の割合―."IUCN日本委員会．2010-4．http://www.iucn.jp/species/redlist/redlisttable2010.html，（参照 2011-06-07）

2) 環境省編．"平成22年度版　環境白書・循環型社会白書・生物多様性白書."環境省．2010．

　いずれの方式でも、つぎのポイントに注意して、引用を行おう。

◆ 出所の明らかな公的データ（白書、統計、調査報告等）を利用する。
◆ 引用したら、それがWebサイトからのものでも、きちんと出典を明示し、どこからどこまでが引用か分かるようにして明示する（＝「明瞭区分性」「出所の明示」）。
◆ ただ引用するだけでなく、自分の文章の中で、そのデータや主張をどう評価しているのか、きちんと示す（＝「自分の文が主、引用が従の関係」）。
◆ 引用の形式や文献リストの形式は、分野によって異なる。特定の科目のレポートや、卒業論文・修士論文などでは、その分野の形式に従おう。

日本語エクササイズ

▶ ことばのエクササイズ【漢字とひらがなの表記ルール】

‖問題‖ つぎの文で、ひらがなにするのが望ましい箇所に、また現代仮名遣いとして適切でない箇所に下線を引き、訂正しなさい。

×① 最近の大学では、何故その仕事を志望するのか、又、今まで何をやって来たのかと言う事を学生に良く考えさせる指導をしている様だ。(訂正箇所7つ)

×② 2つの研究領域は少しづつ接近し、企業からの出資に基ずく共同開発も始まった。詳細は下記のとうりである。(訂正箇所3つ)

①ひらがなで書く語

接続詞(しかし、また等)、形式名詞(もの・こと・わけ等)、補助動詞(「～ている」の「いる」・「～ておく」の「おく」等)・助動詞(～ようだ、～ない等)・副詞の一部(なぜ、まだ等)などは、ひらがなで書いたほうがよい。

②「ず・づ」「じ・ぢ」の書き分け

現代仮名遣いでは、原則的に「ず」「じ」である。ただし、同じ音が続くとき(例：つづく、ちぢれる)や語が組み合わさることで生じる「づ」「ぢ」(例：気づく、身ぢか(身近))は例外である。

③長く伸ばす「い・え」「う・お」の書き分け

「エー」という音の表記は「い」、「オー」という音の表記は「う」と書かれることが多い(例：せんせい、がっこう)。ただし、例外がある(例：おねえさん、おおきい)。

▶ 表現のエクササイズ【読点の打ち方】

‖問題‖ つぎの文の適切な箇所に読点(、)を打ちなさい。

×外来生物とはある地域に人為的に持ちこまれた生物であり外来種とも言われる。生態系や人間の生活に悪影響を与える外来生物に対してはさまざまな対策がとられているが一度侵入すると排除することは難しい。

「外来生物とはある」って何??

読点は、下記の①～⑤の位置には原則として打つようにし、その他は、必要に応じて打つようにする。読点が足りないと、読み手には文の構造が分かりづらく、読みにくい文章になってしまう。

①文頭の接続詞のあと(例：しかし、つまり、) ②文中の接続表現のあと(例：～が、～ば、～とき、) ③連用中止形のあと(例：～を考察し、～を読み、～が多く、) ④主題が長い場合(例：生態系や人間の生活に悪影響を与える外来生物は、駆除されなければならない) ⑤意味をはっきりさせるとき。特に名詞が並列するときやひらがなが続きすぎて意味が取りにくいとき。(例：山、海、森等の自然)

答え（例）：○外来生物とは、ある地域に人為的に持ちこまれた生物であり、外来種とも言われる。生態系や人間の生活に悪影響を与える外来生物に対しては、さまざまな対策がとられているが、一度侵入すると、排除することは難しい。

→提出用シート 12 課　ことばのエクササイズ、表現のエクササイズをやってみよう。

13課 ブック・レポート❷ 内容を検討する

目標　読み手と協力して相手に伝わるレポートにする

　書いた文章の中に読み手に伝わりにくい部分があっても、書いた本人は文章の内容を最もよく知っているため、自分1人ではそのような部分をなかなか発見することができない。しかし、その際にお互いに書いた文章を検討するピア・レスポンスを行うことで、「他者の視点」を入れることができる。お互いの文章を読みあい、改善するためにコメントをしよう。

> 一応書いてみたけど、これでいいのかな…

プレタスク　宿題を確認する

　書いてきたブック・レポートの内容について、つぎのような手順で確認しよう。
① ことば・表現の問題を修正する。
　◆ 誤字脱字はないか。
　◆ 引用形式や文献の書き方は適切にできているか(12課再確認)。
② ことば・表現の問題で、適切かどうか自分では判断できない箇所に付箋をつけておき、ピア・レスポンスで読み手に相談する準備をする。

┌───
│ ‖ポイント‖ 相手に読んでもらう前の確認点
│ ◆ 自分で直せるところは直しておこう。ピア・レスポンスでは、自分では気づかない内容面や文献の解釈のし方等について検討する。その時間を十分にとるために、ことば・表現の修正は事前に自分でしておこう。
│ ◆ ピア・レスポンスでは、書き手は相手の指摘を待つだけでなく、自分が不安に思う点を積極的に相手に相談しよう。自分の問題を相手と共有することで、新しい視点を見いだせるかもしれない。
└───

タスク1　レポートの内容を検討する

ペアでレポートを検討しあおう。

①どちらが先にコメントするかを決める。

②お互いのレポートを読みあう。

③読み手は、自分のことばで内容を再生する。

　書き手は、再生を聞いて、どの程度伝わったかを確認する。

④読み手は以下の内容についてコメントし、書き手はワークシートに記録する。

- 読み手を導く表現の有無等、読みやすさに関して気づいた点はあるか。
- その本や記事の内容が適切に要約されているか(入れるべきポイントが入っているか)。
- 著者・筆者の主張に対する書き手の解釈は妥当か。
- その本や記事に対する書き手の評価と批判は妥当か。
- 書き手の意見と本や記事の著者・筆者の意見は区別して書かれているか(引用表現が適切に使われているか)。
- 書き手が「本を通して学んだ」とするまとめに興味・関心を持てたか(価値・意味を見いだせたか)。
- レポート全体を通して感じたこと(特に印象に残った点、よかった点)は何か。

⑤書き手は、自分が不安・疑問に思っていて、意見をもらいたい点について、読み手に相談する。

⑥読み手と書き手を交替して上記③～⑤を繰りかえす。

便利なことば

【論理展開・構成に関することば】　整合性／一貫性／妥当性(がある／に欠ける)　論の飛躍(がある)　つながり(がある／ない)　説明不足(だ)　～を検討(再考／吟味／チェック)する　～と～がかけ離れている　納得できる　共感できる　妥当だ　ふさわしい　明確な　極端な　冗長な　あいまいな

便利な表現

【内容・構成に対する批判のための表現】　～という印象を受ける　～のように読める(受け取れる／解釈できる)　話が飛んでいる　展開に無理がある　こじつけている／こじつけだ　そこまでは言えない／言いすぎである　必ずしも～ない　一概には言えない　私なら～するが、どうか

13課

〈内容についてのピア・レスポンスのモデル〉

下の例は、ブック・レポートを検討するピア・レスポンスの例である。もちろん、これ以外にも、さまざまなコメントのし方や答え方の形があるが、いくつかの基本的なポイントを確認してみよう。例を読んで、右側の（　）に入るポイント・工夫を考えよう。

読み手のコメントと書き手の答え	ポイント・工夫
読み手：じゃあ、つぎに内容に関してですね①。まず、構成や段落に関して気づいたことですが、この部分とこの部分のつながり（関連性）がよく分からなかったんですが…。 書き手：あ、どのあたりが分かりにくいですか②。 読み手：ええと、この部分のあとにどうしてこの話が出てくるのか、ちょっとついていけなくなるんですよね。何となく、論が飛躍しているように感じるんです③。 書き手：ああ、そうか。これについて前半に書いてないので、説明不足なんですね、きっと④。 読み手：あ、はい、そうだと思います。つぎに、この要約なんですが、この部分は、前に書いてあることの繰りかえしという感じがしたんですけど。うーん、ここよりも、むしろそのあとの部分が重要だと思うんですよね。こちらをもっと書いた方がいいように思うんですが、どうでしょう⑤。 書き手：そうか。はい、この部分はもう一度検討してみます⑥。 読み手：それから、ここの事例の解釈なんですけど、これは著者が言っていることですか、それとも●●さん（書き手）の意見ですか。その辺がちょっとあいまいな感じなんですが⑦。 書き手：あ、そうなんですよ。その部分は著者も主張しているんですが、私も同じ意見なので、それをどうやって引用の形にすればいいか、迷ったんですよね。××さん（読み手）なら、どうされますか⑧。 読み手：うーん、そうですね…。私なら、まず著者の書いていることを引用して、そのあとに、自分も同じ意見だとはっきり書くと思います⑨。どうでしょうか。 書き手：ああ、たしかに、そう書けば、明確ですよね。 読み手：ええ。でも、たしかに引用は難しいですよね⑩…。ええと、全体を通しての印象ですが、各章の論点がはっきりしているので、この著者の考えがよく分かりました⑪。 書き手：ありがとうございます。いろいろ貴重なコメントがもらえたおかげで、修正の糸口がつかめました⑫。	①何についてコメントするのかをはじめに伝える。 ②質問の（　　　）を確認する。 ③質問の（　　　）を説明する。 ④自分の（　　　）を述べる。 ⑤（　　　）の提案をする。 ⑥納得できなければ、あとで検討すると伝え、決定を（　　　）する。 ⑦引用か意見かがあいまいな部分を指摘する。 ⑧読み手に自分の問題を相談する。 ⑨（　　　）を提案する。 ⑩批判のあとに（　　　）を示す。 ⑪評価には、（　　　）を述べる。 ⑫読み手に協力してくれたお礼を述べる。

タスク2　ピア・レスポンスを推敲に生かす

タスク1のピア・レスポンスの内容を踏まえて、レポートを修正しよう。修正の際には、書き手の責任でもらった意見や質問を取捨選択し、どのように文章に反映すべきかを考える。たとえば、流れが分かりにくいと指摘されたところは、どのように修正すればよいだろうか。また、著者・筆者の意見と自分の意見とが明確に書き分けられているかどうかも見直そう。

タスク3　活動を振りかえる

1) 書き手・読み手として
- お互いに相手の文章にコメントすることを目的に読みあい、コメントしあうことで、新たに発見したこと（自分では思いつかなかった視点、自分の文章の問題点など）は何か。

2) ピア・レスポンスの進め方について
- 自分と相手は、ピア・レスポンスをうまく進められたか。
- 自分が貢献できたと思う点は何か。もし課題がある場合、自分がこれから心がけていきたいと思う点は何か。

宿題　レポートを推敲する

ピア・レスポンスで話しあった内容をレポートに反映させる推敲作業を行い、修正稿を作成する。

応用タスク　ポスター発表の内容を見直す

グループのメンバー同士で、ポスター発表の内容を、レポートを書いた今の時点であらためて見直してみよう。
① 本や記事の著者・筆者の意図を正しく読み取れていたか。
② 本や記事の内容の分析で、もっと掘り下げられる点はないか。

日本語エクササイズ

▶ ことばのエクササイズ【間違えやすい語・表現】

　慣用的な表現の間違いは、思いこみによるものが少なくない。あいまいなままにせずに、こまめに辞書で調べることを習慣にしよう。また、正確に伝える文章を書くためには、似ているようで意味が違うことば(類義語・類義表現)・同音で意味が違うことば(同音異義語)を使い分ける必要がある。

‖問題‖ つぎの表現のうち、正しいものに○をつけなさい。
① 受付期間を(減少・短縮・縮小)した。
② この問題に関して、政府の責任を(追求・追究・追及)すべきである。
③ 高校卒業の記念に、クラス全員で体育館の壁画を(制作・製作・政策)した。
④ この表現には違和感を(感じる・覚える・見た)。
⑤ 海外への事業展開によって、売り上げが増加することが(懸念・予想・考慮)される。
⑥ 明日の会議には出席したくないが、担当者なので、(行くにいけない・行かずにはいられない・行かざるをえない)。
⑦ 予想外の自然災害が起こったので、学園祭の中止は、(やむをえない・やむにやまれぬ・やむことのない)選択だった。
⑧ 彼の的を(得た・射た・打った)説明に皆が感心した。

▶ 表現のエクササイズ【ことばの言い換えと使い分け】

‖問題‖ つぎの文を読んで、適切なことばを選びなさい。
　戦後、日本人の食生活は大きく 変化 してきた。①(つまり・たとえば・ただし)、肉や油脂、乳製品などの消費は増えているが、米や魚の消費は減ってきている。②(つまり・たとえば・ただし)、食の欧米化 が進んでいるのである。日本の食料自給率の低下は、このような日本人の食生活の変化に③(起因・原因・要因)していると考えられる。

（どれやろ？）

　読み手にとって分かりやすい文章を書くには、ことばを言い換えて別の言い方にしながら、十分な説明を加える必要がある。上の問題の①では、「たとえば」を使って 変化 の内容の具体的な説明とつなげている。さらに、②では、「つまり」を使って具体例から示したいポイントを 食の欧米化 ということばでまとめている。また、③の選択肢のような類義語(意味が似ていることば)の使い分けに注意しよう。どれも物事の原因を表すことばだが、動詞になるのは「起因」のみである。

→提出用シート 13 課　ことばのエクササイズ、表現のエクササイズをやってみよう。

14課 ブック・レポート❸ 表現や形式を点検する

目標　レポートの表現や形式のチェックポイントを知る

　せっかくしっかり考えて書いたレポートも、形式に不備があったり、表現に間違いが目立ったりすると、読み手にとって、分かりづらいものになってしまう。読みづらい文章は、書き手の言いたい内容がしっかり伝わらなかったり、誤解されたりする。また、いい加減なレポートだと思われてしまうこともある。レポートを書いたら、提出する前にしっかり表現や形式をチェックしよう。

しっかり考えて
がんばって
書いたんだよ！

内容はいいと思うけど、
ちょっと読みづらいなあ。
読んでいると、疲れるよ。

タスク1　表現や形式のチェックポイントを知る

　つぎの文章は、表現や形式に修正すべき箇所が数多くある「よくないレポート」の例である。下線部分をどのように修正すべきかを考え、右の〈修正のポイント〉の空欄に適切なことばを記入してみよう。

＊実際のレポートでは1ページに40行前後、1行40字前後のレイアウトとすることが多い。以下の例では、レイアウトの都合上、字数や行数が少なくなっている。
＊修正したレポートモデルは、p.90参照。

〈表紙の例〉　　　　　　　　　　〈修正のポイント〉

> ①
> 海山太郎著『命の海―人と海のつながり―』を読んで②
>
> 　　　　　　　　田中太郎③

- ①上下左右に適切な（　　　）をとる。
- ②書体やデザイン等に凝りすぎない。

- ③名前だけではなく、科目名・（　　　）・（　　　）・（　　　）・提出日等の情報も書く。

〈本文1ページ目の例〉　　　　　　〈修正のポイント〉

> 海山太郎著『命の海―人と海のつながり―』を読んで
> I、①概要
> 　この本は環境保護の活動家である著者が、25年間の運動を通して知った海の大切さを、一般の読者に向けて書いたものであり、「環境破壊は悪い!!②」と叫ぶだけでなく、実際に海とうまく共存している地域の人々の知恵を紹介し、今の日本人にできることを提案したうえで、「自然と人間との共生は可能だ」と結論ずけている③（pp.145④-147)⑤。
> 　以下では、本の概要を紹介する。特に…の面から内容を見当し⑥、この本を読んで学んだ事⑦をまとめたい。
> II.各章の主な内容
> 　第1章「海の民の知恵」では、著者が20年かけて集めた、日本や東南アジアの漁村での生活の知恵を、例を挙げて紹介している⑧。たとえば東北のある村では…
> 　著者はこれらの知恵を「共生の技術」と呼ばれ⑨、「工業化とともに消えつつある」と警告⑩(p.14)。

- ①横書きの場合、見出しの数字には「、」ではなくピリオドをつける。
- ②！や？等の記号を使わない。
- ③「ず・づ」の区別に気をつける。
- ④英数字は原則として（　　　）。
- ⑤長すぎる文は読みづらい。いくつかの（　　　）文に分ける。
- ⑥漢字の変換ミスに注意する。
- ⑦形式名詞は（　　　）で書く。
- ⑧書体は（　　　）体が一般的。異なる書体を混在させない。
- ⑨適切な動詞の形にする。
- ⑩名詞で終わる文（体言止めの文）にしない。

〈最後のページの例〉

> IV.本書を読んで学んだこと
> ⑪本書を読んで、大きく分けて3つのことを学んだ。それは、複眼的視点、現場に出ることを大切にしなければならない、実現性重視の姿勢⑫である。まず、複眼的視点というのは、…。
> 　今までの「環境問題」についての私の考えは、すごく⑬観念的であった。しかし⑭この本を読んで僕⑮の考えはやや変わりました⑯。また、最も印象に残ったことは、実現性重視の姿勢が印象に残った⑰。…
>
> 引用文献　『命の海―人と海のつながり―』⑱

- ⑪段落のはじめは（　）字分下げる。
- ⑫文の中の（　　　）の関係を適切にする。
- ⑬話しことばを書きことばにする。
- ⑭（　　　）の後には読点を打つ。
- ⑮話しことばを書きことばにする。
- ⑯敬体（です・ます体）を混在させない。
- ⑰文の前半部と後半部がねじれないようにする。
- ⑱引用文献のリストの本は、書名・出版年・（　　　）・（　　　）を書く。

14課

タスク2　お互いにレポートの表現や形式を検討する

つぎのように、自分のレポートの形式や表現をチェックしてみよう。
①次頁の〈レポートの形式と表現のチェックリスト〉の項目にしたがって、自分のレポートをチェックし、問題がない場合には○、問題がある場合には×を自己チェック欄に記入する。
②チェックリストとレポートをペアの人と交換し、ペアの人のレポートを読みながら、同様に〈レポートの形式と表現のチェックリスト〉の他者チェック欄に記入する。
③ペアの人のリストに×をつけた箇所は、相手に具体的に説明する。
④書き手は修正すべき点をレポートに書きこむ。

便利なことば
【レポートの表現や形式のことば】　句点　読点　見出し　レイアウト　余白　誤字脱字　変換ミス　半角　英数字　段落　書式を整える　マナー　文体を統一する　適切な／不適切な表現　用紙

便利な表現
【表現や形式が不適切であることを表す表現】　AとBが混在している　文の前半と後半がねじれている　レイアウトが不適切である

タスク3　活動を振りかえる

今日の授業を通して学んだことをつぎの質問によって振りかえり、ワークシートに書きこもう。
1) タスク2 の自己チェックや相互チェックを通して気づいた、自分の間違えやすい形式や文章のポイントは何か。
2) ペアの人との相互チェックにはどんな利点があるだろうか。

宿題　レポートを修正・清書する

自分のレポートで修正すべき点を修正し、最終レポートを清書しよう。

応用タスク 文章を比較する

1課 応用タスク で書いた文章と仕上げたレポートを比較してみよう。どのような点に変化があっただろうか。別紙に書いてみよう。

〈レポートの形式と表現のチェックリスト〉

	チェック内容	自己チェック	他者チェック
| Ⅰ. 文章のチェックポイント（日本語エクササイズ参照）			
1.	文が常体（だ・である体）で書かれているか。敬体（です・ます体）が混在していないか。（2課ことばのエクササイズ）		
2.	長すぎる文がないか。（14課表現のエクササイズ）		
3.	文の前半部分と後半部分がねじれている文がないか。（2, 3課表現のエクササイズ）		
4.	修飾する部分がどこにかかっているのかが、分かりにくい文がないか。（8課表現のエクササイズ）		
5.	動詞の形（「〜が〈動詞〉」と「〜を〈動詞〉」、受身形と使役形）の使い方は適切か。（4課表現のエクササイズ）		
6.	文に必要な要素が足りない文がないか。（7課表現のエクササイズ）		
7.	文の中の並列のバランスは適切か。（9, 10課表現のエクササイズ）		
8.	レポートに不適切な話しことばを使っていないか、レポートに適切な書きことば表現を使っているか。（2〜10課ことばのエクササイズ）		
9.	文の終わりが名詞で止まっている文（体言止めの文）がないか。（10課ことばのエクササイズ）		
| Ⅱ. 形式のチェックポイント			
1.	読点を打つ箇所と量は適切か。（12課表現のエクササイズ）		
2.	文字表記は適切か（英数字は半角、形式名詞等はひらがな）。（12課ことばのエクササイズ、14課）		
3.	誤字脱字や変換ミス、送りがな等の間違いがないか。（14課ことばのエクササイズ）		
4.	？や！等の記号を使っていないか。（14課）		
5.	レイアウトは読み手にとって見やすいか（適切な上下左右の余白、適当な字の大きさ、書体は明朝体等）。（14課）		
6.	段落の最初は1文字下がっているか。（14課）		
7.	その他提出のマナーを守っているか（提出期限を厳守、冒頭や表紙に必要な情報記入、A4用紙左上ホチキス止め等）。（14課）		
8.	引用の形式は正しいか。（12課）		
9.	引用した本や記事のリストに必要な情報が書いてあるか。（14課）		
10.	教師が提示したその他の条件を守っているか。		

〈 タスク1 を修正したレポートモデル〉

〈表紙の例〉

> 海山太郎著『命の海―人と海のつながり―』を読んで
>
> 科目名：日本語表現法
> 学部：○○学部
> 学科：○○学科
> 学籍番号：11111
> 氏名：田中太郎
> 提出日：○年○月○日

〈本文1ページ目の例〉

> 海山太郎著『命の海―人と海のつながり―』を読んで
> 1. 概要
> 　この本は環境保護の活動家である著者が、25年間の運動を通して知った海の大切さを、一般の読者に向けて書いたものである。「環境破壊は悪い」と叫ぶだけでなく、実際に海とうまく共存している地域の人々の知恵を紹介し、今の日本人にできることを提案したうえで、「自然と人間との共生は可能だ」と結論づけている (pp.145–147)。以下では、本の概要を紹介する。特に…の面から内容を検討し、この本を読んで学んだことをまとめたい。
> 2. 各章の主な内容
> 　第1章「海の民の知恵」では、著者が20年かけて集めた、日本や東南アジアの漁村での生活の知恵を、例を挙げて紹介している。たとえば東北のある村では…。
> 　著者はこれらの知恵を「共生の技術」と呼び、「工業化とともに消えつつある」と警告している (p.14)。

〈最後のページの例〉

> 　4. 本書を読んで学んだこと
> 　本書を読んで、大きく分けて3つのことを学んだ。それは、複眼的視点、現場に出ることの重要性、実現性重視の姿勢である。まず、複眼的視点というのは…。
> 　今までの「環境問題」についての私の考えは、非常に観念的であった。しかし、この本を読んで私の考えはやや変わった。また、実現性重視の姿勢が最も印象に残った。…
>
> 引用文献
> 海山太郎(2010)『命の海―人と海のつながり―』海洋書店

日本語エクササイズ

▶ ことばのエクササイズ【間違えやすい漢字・送りがな】

　発音が同じだったり、形が似ていたりする漢字は要注意だ。間違っているかもしれないと思ったら、辞書で確認してから書くようにしよう。

‖問題‖ つぎの①〜⑱について、それぞれ適切なものを選んで○をつけなさい。

1) 音が同じ漢字

①この発表の成果から、部の日頃の活動が非常に充実していることが(窺える・伺える)。
②彼は1年間にわたり、サークルの部長を(務めて・勤めて・努めて)いた。
③面接試験に(臨む・望む)際に、まず気をつけるべきことは、服装である。

2) 形の似た漢字

④徐々に・除々に　⑤講義・講議　⑥雇用・顧用　⑦真剣・真険　⑧弊害・幣害
⑨専門・専問　⑩名簿・名薄　⑪成績・成積　⑫違和感・異和感

3) 書き間違いやすい漢字

⑬専・專　⑭達する・達する　⑮適宜・適宜

4) 送りがな

⑯明かだ・明らかだ　⑰少なくない・少くない　⑱補なう・補う

▶ 表現のエクササイズ【長すぎる文のチェック】

‖問題‖ つぎの文をいくつかの短い文に分けなさい。
×環境を守ることは必要であり、重要なことだと理解されている反面、日常生活においては、より便利で快適な生活を追求しているが、それでは環境が無意識のうちに、また、必要以上に破壊されてしてしまうことになり、環境の悪化が進めば、人類が生き続けることは困難になってしまうのではないだろうか。

長すぎや！

　長すぎる文は、読みづらいうえ、文構造の誤りが多くなりがちである。そこで、なるべく短く簡潔な文を書くように心がけよう。あいまいな順接の「が」を多用すると、文が不必要に長くなる。「が」で文をつなげないように意識しよう。文と文の間には、効果的に接続詞(つなぐことば)を活用し、意味のつながりを明確にしよう。

○(修正例) 環境を守ることは必要であり、重要なことだと理解されている。一方で、私たちは、日常生活においては、より便利で快適な生活を追求している。しかし、それでは環境が無意識のうちに、また、必要以上に破壊されてしまうことになる。さらに、環境の悪化が進めば、人類が生き続けることは困難になってしまうのではないだろうか。

→提出用シート14課　ことばのエクササイズ、表現のエクササイズをやってみよう。

15課　全体を振りかえる

目標　これまで学んだことを振りかえり、今後に生かす

　この本で学んできた「話す・聞く・書く・読む」力は、大学での学習活動だけでなく、就職活動、そして社会人になってからも、つねに必要となる。今回の授業を通して、何を学んだのかを振りかえり、それを今後にどのように生かせるのかを確認しよう。

おたがい、よくがんばったなあ！

プレタスク　ポートフォリオをまとめる

　この授業で作成した成果物を、必要なときにすぐに参照できるように、ポートフォリオとしてまとめよう。これまでの主な成果は、つぎの通りである。
- 各課のワークシート　◆ 日本語エクササイズ提出用シート
- 「おすすめマップ」　◆「私とX大学」のスピーチ原稿　◆ コメントシート
- 志望動機書／学習(研究)計画書の清書原稿　◆ ブック・トークの見取り図
- ポスター　◆ ブック・レポートのアウトラインと清書原稿

　書いたものを順にファイルしたもの(これをポートフォリオと呼ぶ)を見ると、自分の成長のプロセスが確認できる。どのような変化が見られるだろうか。

タスク1　この授業で学んだことを振りかえる

　この授業で学んだことについて、ワークシートに簡単にまとめよう。
1)「大学で学ぶ」ためのコミュニケーションについて
　①○×で答えが出る問題を解くのではなく、答えのない問題について他の学生ととも

に考えることは、自分にとってどのような経験だっただろうか。
②対話を通して課題に取り組むことは、「友だち同士で仲良くする」こととどのように違っていただろうか。
③この授業を受ける前に比べて、授業活動への参加のし方は変化したか。それはどのような変化か。

2）大学の授業活動における「話す・聞く・書く・読む」について
①自分の考えや意見を、適切なことばを使って表現できるようになったか。
②自分の「話す・聞く・書く・読む」ときの意識に変化はあったか。変化したと感じる場合、それは、どのようなものか。
③大学の授業活動で「話す・聞く・書く・読む」際に、今でも難しいと感じること、すなわち、改善すべき課題はあるか。ある場合、それはどのようなことか。また、今後、どのようにして、その課題を克服していけばよいか。
④本や記事を「批判的」に読むことについて、学んだことは何か。

3）「書きことば」や「改まった場面で使われる表現」について
①この授業を受ける前に比べて、ことばの使い方に変化があったか。変化したと感じる場合、それは、どのようなものか。
②文章を読みかえしたとき、表現・ことばが適切に使えているかどうかを、自分で判断（自己点検）できるようになったか。
③場面や話す相手によって、くだけた表現と改まった表現を切り替えられるようになったか。

タスク2　ピア・ラーニングの意義を振りかえる

ピア・ラーニングについて、ワークシートにまとめよう。
①学生同士で学びあうピア・ラーニングを通して、得たものは何か。
②ピア・ラーニングの難しさは何か。そして、その解決のために、何が必要か。
③ピア・ラーニングでは、お互いの学びに貢献することを目指す。相手に貢献するために必要なことは何か。
④この授業では、自分と異なる意見を持つ相手や、波長が合わない相手と話しあわなければならないこともあったはずだ。その経験を通して、他者とのコミュニケーションについての意識に変化はあったか。それはどのような変化だろうか。
⑤ピア・ラーニングの経験を、今後どのように生かしたいと思うか。

日本語エクササイズ

日本語エクササイズ「ことばのエクササイズ」「表現のエクササイズ」で学んだことを振りかえってみよう。また、提出用シート15課の総まとめの問題を考えてみよう。

▶ ことばのエクササイズ

課	タイトル	学んだこと
2課	書きことば的表現(文末表現)	常体の文末表現
3課	書きことば的表現(名詞と動詞)	書きことばで使う名詞や動詞の語
4課	書きことば的表現(形容詞と副詞他)	書きことばで使う形容詞や副詞等の語
6課	書きことば的表現(接続表現)	書きことばで使う接続詞や接続表現
7課	書きことば的表現(ビジネス場面の表現)	ビジネス場面で使う語や表現
8課	書きことば的表現(名詞句化①)	漢語を使った書きことばの文
9課	書きことば的表現(名詞句化②)	「〜におけるX」等の表現を使った文
10課	書きことば的表現(レポートや論文の表現)	レポートや論文で使う表現
12課	漢字とひらがなの表記ルール	ひらがなで書く語、かなの書き分け方
13課	間違えやすい語・表現	同音異義語、類義語や慣用表現
14課	間違えやすい漢字・送りがな	音が同じ漢字や形の似た漢字など

▶ 表現のエクササイズ

課	タイトル	学んだこと
2課	文の前半部分と後半部分の対応のチェック①	前半部分と後半部分が合っている文を書く
3課	文の前半部分と後半部分の対応のチェック②	前半部分と後半部分が合っている文を書く
4課	動詞の形のチェック	「〜が〈動詞〉」「〜を〈動詞〉」を正しく使う
6課	ことばの組み合わせのチェック	文の中で適切なことばを組み合わせて使う
7課	文に必要な要素のチェック	文の必須要素が欠けている文を書かない
8課	修飾関係のチェック	修飾する部分がどこにかかるかが分かりやすい文を書く
9課	並列のバランスのチェック①	「AとB」の含まれている文では、そのバランスがとれた文を書く
10課	並列のバランスのチェック②	並列や対比の文で、バランスがとれた文を書く
12課	読点の打ち方	適切な位置に読点を打つ
13課	ことばの言い換えと使い分け	似た意味の語を使い分ける
14課	長すぎる文のチェック	長すぎる文を書かない

→提出用シート15課をやってみよう。

付　録

〈参考資料〉研究計画書の例

　第6課では、大学で自分は何を学ぶかを他者に伝える「学習計画書」と大学への入学や編入の際に作成する「志望動機書」のモデルを示した。その他にも、自分の研究の方向性を示す文書には、大学院進学時等に作成する「研究計画書」がある。ここでは、大学院に提出する研究計画を想定したモデルを示す。

便利なことば　【研究に関することば】基礎演習　専門演習　ゼミ　卒業／修士／博士論文　修士／博士課程　指導教員　本研究　研究テーマ　研究題目　先行研究　管見の限り　実験　調査　事例　質的(定性的)　量的(定量的)　質問紙／インタビュー(調査)　統計　データ収集　対象者／協力者　パイロットスタディ　予備調査　研究課題(リサーチクエスチョン)　アプローチ　問題意識　問題の所在　仮説　予想　結果　成果　知見　文献　意義　考察

便利な表現　～を踏まえる　～に基づく　～を集める　テーマを絞る　課題が残る　管見の限り～ない　示唆を得る

〈研究計画書のモデル：インタビュー調査を用いた計画の場合〉

　下の例は、インタビュー調査を用い、2年間で修士論文を作成するための研究計画書である。研究計画書の書き方は、研究分野やテーマ、手法によってさまざまであるが、必須項目は共通している。

研究計画書の例	ポイント・工夫
研究題目：都市部と地方の…に関するインタビュー調査① 1. 問題の背景と研究目的 　近年、日本では、都市部と地方の間の…が深刻化している。それは…といった現象に顕著に表れている。その原因として、…や…といった問題があることが指摘されており、さまざまな…がなされている②。しかし、…等から、…となっているのが現状である③。この事態の改善には、…だけでなく、…を把握し、それを実践に生かすことが必要であると考える④。このような問題意識から、本研究では、…を行い、その分析を通して…を明らかにすることを目的とする⑤。 2. 先行研究⑥ 　この問題については、主に…、…等の視点から研究が行われている（●● 1998、▲▲ 2009、○○ 2011 等）。特に▲▲(2009)は、…、…といった課題を指摘している。 　一方、…××(2005)は、A市の事例を取り上げ、関係者に聞き取り調査を行い、その結果から…と結論づけて	☞①（　　　）はポイントがすぐ分かるようにする。 ☞②テーマの（　　　）を示す。 ☞③（　　　）の所在を示す。 ☞④研究の社会的意義・（　　　）を示す。 ☞⑤研究の（　　　）を示す。 ☞⑥（　　　）研究では、それまでの研究の流れを述べる。

いる。問題の当事者の…に切り込んだこのような研究は、…という点で重要であるが、管見の限り、これ以外には、ほとんどなされていない⑦。以上を踏まえ、本研究では、特に…という点に焦点を絞り、インタビュー調査を行い、当事者の…を記述する⑧。それを通して…の角度から…の問題の解決に示唆を得ることを目指す。

3. 研究方法

本研究では、筆者の郷里であるＢ県ｂ市の＊＊と＃＃を対象とし、…の問題に焦点を絞り、インタビュー調査を行う。その結果を…の手法を用いて質的に分析し、先行研究で言及されている他の事例と比較することで…を明らかにする⑨。

4. 調査計画⑩

1年目：×年○月までをめどに、日本国内における都市部と地方における…の問題に関する文献収集と先行研究のレビューを行う。並行して、インタビュー調査と質的分析に関する文献を読み、分析方法に関する技術習得に努める。○月から、インタビューの質問項目作成とパイロット調査を行う。並行してＢ県ｂ市＊＊の関係者にインタビュー調査への協力を依頼する。

2年目：×年○月から○月まで、協力者にインタビュー調査を行う。終了後、○月〜○月に音声データを文字化し、××（2005）を踏まえつつ、調査結果の分析と考察を行う。

- ⑦（　　　　）研究では不十分であった課題を指摘する。
- ⑧自分の研究が（　　　　）研究の流れを踏まえた内容であることを示す。
- ⑨研究（　　　　）には、調査や分析の方法について具体的に述べる。
- ⑩研究に必要な作業について、いつ、何をするかを具体的に示す。

〈さまざまな研究領域の研究計画書に共通する必要項目〉

◆ テーマの意義

自分が取り組みたいテーマの社会的意義と、これまでそのテーマの研究の流れ（先行研究の概観）から見た意義（着眼点、手法の新しさ等）を示す。自分がおもしろいと思っても、社会的に見て貢献するところがない、あるいは、誰かがすでに研究し、成果を出しているものは、テーマとしてふさわしくない。

◆ テーマに対するアプローチ

テーマに自分がどのような方法で取り組むつもりか（＝アプローチ）を明確に示す。テーマと研究の手法や分析方法が合っていない研究は、その結果に妥当性がないと見なされる。

◆ 具体的な手続き

踏まえるべき先行研究での手法や研究をどのように進めるのかを具体的に示すことで、その研究の実現可能性をアピールする。

◆ 予想される結果・成果

分野によっては調査や実験等の予想される結果が求められる場合もある。また、そのことによる成果を求められる場合もある。

筆 者 紹 介

大島弥生（おおしまやよい） Yayoi Oshima
東京海洋大学学術研究院教授。専門は日本語教育。お茶の水女子大学大学院修士課程人文科学研究科日本言語文化専攻修了。博士（人文科学）。

主な著書は『ピアで学ぶ大学生の日本語表現―プロセス重視のレポート作成』『アカデミック・ジャパニーズの挑戦』『日本語表現能力を育む授業のアイデア―大学の授業をデザインする』（以上共著、ひつじ書房）、『留学生と日本人学生のためのレポート・論文表現ハンドブック』（共著、東京大学出版会）など。

大場理恵子（おおばりえこ） Rieko Oba
東京海洋大学・東京農業大学・東京慈恵会医科大学・法政大学非常勤講師。専門は日本語教育。お茶の水女子大学大学院修士課程人文科学研究科日本言語文化専攻修了。

主な著書は、『日本語能力試験 N3 文法スピードマスター』『日本語能力試験完全模試 N2』（以上共著、Jリサーチ出版）、『ピアで学ぶ大学生の日本語表現―プロセス重視のレポート作成』『日本語表現能力を育む授業のアイデア―大学の授業をデザインする』（以上共著、ひつじ書房）など。

岩田夏穂（いわたなつほ） Natsuho Iwata
東京大学大学院工学系研究科国際工学教育推進機構日本語教育部門特任准教授。専門は日本語教育・会話分析。お茶の水女子大学大学院博士課程人間文化研究科国際日本学専攻修了。博士（人文科学）。

主な著書は、『ピアで学ぶ大学生の日本語表現―プロセス重視のレポート作成』『日本語表現能力を育む授業のアイディア―大学の授業をデザインする』（以上共著、ひつじ書房）、『にほんご会話上手！聞き上手・話し上手になるコミュニケーションのコツ 15』（共著、アスク出版）など。

池田玲子（いけだれいこ） Reiko Ikeda
鳥取大学国際交流センター教授。専門は日本語教育学。お茶の水女子大学大学院博士課程人間文化研究科比較文化学専攻修了。博士（人文科学）。

主な著書は、『ピア・ラーニング入門―創造的学習のデザインのために』『ピアで学ぶ大学生の日本語表現―プロセス重視のレポート作成』『日本語表現能力を育む授業のアイデア―大学授業をデザインする』（以上共著、ひつじ書房）、『日本語教育の過去・現在・未来 第 2 巻 教師』『ことばの教育を実践する・探求する―活動型日本語教育の広がり』（以上共著、凡人社）、『ビジネスコミュニケーションのためのケース学習―職場のダイバーシティで学び合う』（共著 ココ出版）など。

なお、この本を教科書として採用してくださる方には、授業のためのヒント集をご用意しております。ご利用をご希望の方は、お名前・担当授業をご明記のうえ、ひつじ書房までメール（textbook-hint@hituzi.co.jp）でお問い合わせください。

ピアで学ぶ大学生・留学生の日本語コミュニケーション
―プレゼンテーションとライティング―
Learning Japanese academic communication through peer response: Focusing on presentation and writing

発行日	2012年2月20日　初版 第1刷
	2019年9月25日　　　第4刷
定価	1500円＋税
著者	©大島弥生・大場理恵子・岩田夏穂・池田玲子
発行者	松本 功
デザイン・組版	吉岡 透（ae）
本文イラスト	萱島雄太
印刷・製本所	株式会社 シナノ
発行所	株式会社 ひつじ書房

〒112-0011 東京都文京区千石2-1-2　大和ビル2F
Tel. 03-5319-4916　Fax. 03-5319-4917
郵便振替 00120-8-142852

◆ご意見、ご感想など、弊社までお寄せください。
toiawase@hituzi.co.jp
http://www.hituzi.co.jp/

❖

ISBN978-4-89476-471-2 C1081

第Ⅰ部:【活動1】「自己PR」

1	オリエンテーション	この授業で何を学ぶかを知る 〈活動〉ガイダンス、「好きなことマップ」&自己紹介
2	自己PR❶ 自分を伝える	話したい内容を整理し、相手に伝える 〈活動〉「私のおすすめマップ」をペアで説明
3	自己PR❷ 情報を整理する	必要な情報を整理する 〈活動〉「私とX大学マップ」
4	自己PR❸ スピーチの準備をする	整理した情報を使って伝える 〈活動〉スピーチ内容のピアでの練習・検討
5	自己PR❹ スピーチをする	スピーチを通じて、お互いをリソースとして発見する 〈活動〉スピーチ大会
6	自己PR❺ 志望動機書/学習(研究)計画書を読みあう	志望動機書/学習(研究)計画書を書き、相互コメントする 〈活動〉自己PRを書き、相互コメントする

第Ⅱ部:【活動2】「ブック・トークとポスター発表」【活動3】「ブック・レポートとその点検」

7	ブック・トーク❶ 情報を探す	本・記事や情報の探し方を知る 〈活動〉ミニブック・トーク(1分説明)、文献検索、図書館ツアー、PCによる検索
8	ブック・トーク❷ 情報を読んで伝える	読み取った情報を伝える 〈活動〉ブック・トークの準備、ブック・トーク❶
9	ブック・トーク❸ 詳しいブック・トークをもとにアウトラインを書く	複数の本(記事)の比較を通じ、テーマについての理解を深める 〈活動〉ブック・トーク❷、ブック・レポートのアウトライン作成
10	ブック・トーク❹ ポスター発表を準備する	ポスターの効果的なレイアウトを考え、発表の準備をする 〈活動〉ポスター発表の準備、発表のリハーサル
11	ブック・トーク❺ 発表する	ポスター発表と、発表への質問・コメント・評価を通じ、考察を深める 〈活動〉ポスター発表会
12	ブック・レポート❶ 情報を引用しながらブック・レポートを書く	ブック・レポートに読んだ本(記事)の情報を正しい形式で引用する 〈活動〉引用の練習、引用してレポートを書く
13	ブック・レポート❷ 内容を検討する	読み手と協力して相手に伝わるレポートにする 〈活動〉レポートのピア・レスポンス
14	ブック・レポート❸ 表現や形式を点検する	レポートの表現や形式のチェックポイントを知る 〈活動〉表現・形式の自己&ピアチェック
15	全体を振りかえる	これまで学んだことを振りかえり、今後に生かす 〈活動〉ポートフォリオ作成・振りかえり

(　　)年(　)月(　)日

ワークシート　15課

学籍番号(　　　　)学科(　　　　)クラス名(　　　　)名前(　　　　　　　)

タスク1　この授業で学んだことを振りかえる

1)「大学で学ぶ」ためのコミュニケーションについて

①

②

③

2)大学の授業活動における「話す・聞く・書く・読む」について

①

②

③

④

3)「書きことば」や「改まった場面で使われる表現」について

①

②

③

タスク2　ピア・ラーニングの意義を振りかえる

①

②

③

④

⑤

つぶやき欄

(　　)年(　)月(　)日

ワークシート　14課

学籍番号（　　　　）学科（　　　　）クラス名（　　　　）名前（　　　　　　　）

タスク1　表現や形式のチェックポイントを知る　（テキストに書きこむ）

タスク2　お互いにレポートの表現や形式を検討する　（テキストに書きこむ）

タスク3　活動を振りかえる

1) 自分の間違えやすい形式や文章のポイントについて

2) 相互チェックの利点について

つぶやき欄

（　　　）年（　　）月（　　）日

ワークシート　13課

学籍番号（　　　　　）学科（　　　　）クラス名（　　　　）名前（　　　　　　　）

タスク1　レポートの内容を検討する　　（相手の名前：　　　　　　　　　　　　）

◆ 読み手への配慮

◆ 要約

◆ 解釈・評価・批判の妥当性

◆ 引用表現

◆ まとめに対する興味・関心

◆ 全体的な印象

タスク3　活動を振りかえる

1) 書き手・読み手として

2) ピア・レスポンスの進め方について

つぶやき欄

（　　）年（　）月（　）日

ワークシート　12課

学籍番号（　　　　）学科（　　　　）クラス名（　　　　）名前（　　　　　　　）

プレタスク　レポートで引用を行った部分の間違いを探す

A：早期からのリスニング教育が英語への苦手意識をなくす最も有効な方策であると思う。

B：早期からのリスニング教育が英語への苦手意識をなくす最も有効な方策だそうだ。

C：田中(2005)によると、「早期からのリスニング教育は、英語が苦手な人でもそのような苦手意識をなくせる最も有効な方策である」という。したがって、英語教育を開始するのが中学校では遅すぎる。

タスク1　直接引用・間接引用（要約して引用）の練習をする

　『環境白書』は、生物多様性による恩恵の｛a. 例　b. データ　c. 事案｝として、光合成や水源、土壌、干潟による水の浄化、食糧の大量確保などを｛a. 触れ　b. 訴え　c. 挙げ｝、遺伝子の多様性は「人間も含めた地球の生物にとって欠くことのできないものである」と｛a. 主張　b. 分析　c. 提示｝している。また、IUCNレッドリスト(2009年発表)｛a. に基づき　b. によると　c. によれば｝、絶滅の危機にある種の多さを｛a. 言及　b. 指摘　c. 提案｝し、人類は「生物がもつ未知の遺伝子という有益な財産を急速に失っている」と｛a. 紹介　b. 提言　c. 警告｝している。

タスク2　引用した文章に対する自分の評価を書く　（レポートの中に書きこむ）

タスク3　活動を振りかえる

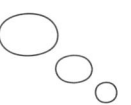

つぶやき欄

（　　）年（　）月（　）日

ワークシート　11課

学籍番号（　　　　）学科（　　　　）クラス名（　　　　）名前（　　　　　　　）

プレタスク　発表直前の準備と最終確認を行う　（テキストに書きこむ）

タスク1　発表する・発表を聞く

発表を聞く際のメモ

タスク2　質疑応答を行う・コメントシートを書く　（別紙）

タスク3　活動を振りかえる

1) 自分のグループの発表について

2) 他のグループの発表について

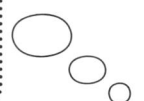

つぶやき欄

（　　　）年（　　）月（　　）日

ワークシート　10課

学籍番号（　　　　）学科（　　　　）クラス名（　　　　）名前（　　　　　　　）

プレタスク　ポスターのアイディアを説明する　　（別紙）

タスク1　ポスター発表の準備をする

グループとしての意見やメッセージ

タスク2　発表のリハーサルをする

点検の際のメモ

タスク3　活動を振りかえる

1) 自分の説明について

2) 他者の説明について

つぶやき欄

（　　　）年（　　）月（　　）日

ワークシート　9課

学籍番号（　　　　　）学科（　　　　　）クラス名（　　　　　）名前（　　　　　　　）

プレタスク　「読み直しメモ」の自己チェックをする

前回のブック・トークで気がついた・今回までに読み足したこと

1. このグループの主な論点

2. 論点の中で特に重要だと思うところ

3. 他の本(記事)と比べて分かった担当部分の特徴

4. 読み直して追加した情報
▶(　　　　　)について：
▶(　　　　　)について：
▶(　　　　　)について：

5. 他の本(記事)との共通点・類似点、その例

6. 他の本(記事)との相違点、その例

タスク1　より詳しいブック・トークをする　（8課の「ブック・トークのための見取り図1」に書き足す）

タスク2　ブック・レポートのアウトラインを作成する　（別紙）

タスク3　活動を振りかえる

1) ブック・トークの比較で分かったこと

2) 本や記事の論じ方について気づいたこと

つぶやき欄

（　　）年（　）月（　）日

ワークシート　8課❸

学籍番号（　　　　）学科（　　　　）クラス名（　　　　）名前（　　　　　　）

タスク2　活動を振りかえる

1）自分の説明について

2）本や記事から情報を得ることについて

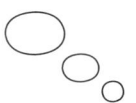

つぶやき欄

（　　）年（　）月（　）日

ワークシート　8課❷

学籍番号（　　　）学科（　　　）クラス名（　　　）名前（　　　　　　）

タスク1　「ブック・トークのための見取り図1」を使ってブック・トークをする

「ブック・トークのための見取り図1」

（　　　　）さん担当
書名：　　　　著者／筆者：
主張：
根拠：

（　　　　）さん担当
書名：　　　　著者／筆者：
主張：
根拠：

関連づけ（共通点・相違点等）（9課で記入）

（　　　　）さん担当
書名：　　　　著者／筆者：
主張：
根拠：

（　自分　）の担当
書名：　　　　著者／筆者：
主張：
根拠：

（　　）年（　）月（　）日

ワークシート　8課❶

学籍番号（　　　）学科（　　　）クラス名（　　　）名前（　　　　　）

プレタスク　「ブック・トークのための主張と根拠の構造メモ」を書く

本／記事の題名：　　　　　　著者／筆者：　　　　発行年：
著者／筆者の立場：
大きな主張：

大きな主張を支える小さな主張：
その根拠：

大きな主張を支える小さな主張：
その根拠：

大きな主張を支える小さな主張：
その根拠：

大きな主張を支える小さな主張：
その根拠：

疑問・評価・批判：

(　　)年(　)月(　)日

ワークシート　7課

学籍番号(　　　) 学科(　　　) クラス名(　　　) 名前(　　　　　　)

プレタスク 情報の探し方を考える　（テキストに書きこむ）

タスク1 検索してみる

タスク2 読んだ新書の内容をお互いに説明する　（口頭）

タスク3 活動を振りかえる

1) Webサイト、本や記事の探し方について

2) 本や記事の内容を説明するやり方について

つぶやき欄

(）年（ ）月（ ）日

ワークシート　6課

学籍番号（　　　）学科（　　　）クラス名（　　　）名前（　　　　　）

プレタスク　自己紹介と志望動機書／学習（研究）計画書の違いを考える

1)

	自己紹介	志望動機書／学習（研究）計画書
目的は何か		
受け手（読み手・聞き手）は誰か		
どのような形式・文体か		
他に注意すべき点は何か		

2) 志望動機書／学習（研究）計画書に書くべき項目

タスク1　志望動機書／学習（研究）計画書を書く　（別紙）

タスク2　志望動機書／学習（研究）計画書について相互コメントする　（口頭）

タスク3　活動を振りかえる

1) 相互コメントについて

2) 志望動機書／学習（研究）計画書について

> つぶやき欄

(）年（ ）月（ ）日

ワークシート　5課

学籍番号（　　　）学科（　　　）クラス名（　　　）名前（　　　　　）

タスク1　スピーチ大会を実施する

優秀者の名前（　　　　　　　　　　）

推薦理由：

タスク2　コメントを書く

1) 話し方

2) 内容

3) 質問

タスク3　活動を振りかえる

1) スピーチの聞き手として

2) スピーチをする側・スピーチする人を応援する側として

3) 全体を通して

つぶやき欄

( )年( )月( )日

ワークシート　4課

学籍番号（　　　　　）学科（　　　　　）クラス名（　　　　　）名前（　　　　　　　　　）

プレタスク　スピーチの練習をする　　（口頭）

タスク1　スピーチの内容を検討する　　グループメンバー（　　　　　　　　　）

再生メモ：スピーチした人の名前（　　　　　　　　　　　　　　　）

コメントメモ：スピーチした人の名前（　　　　　　　　　　　　　　　）

タスク2　スピーチの代表を選ぶ

代表者の名前（　　　　　　　　　　　　　　）

理由：

タスク3　活動を振りかえる

1) 話し手として

2) 聞き手として

3) グループの活動

つぶやき欄

（　　　）年（　　）月（　　）日

ワークシート　3課

学籍番号（　　　　）学科（　　　　）クラス名（　　　　）名前（　　　　　　　）

プレタスク　「私とX大学マップ」の情報を整理する　（テキストに書きこむ）

タスク1　「私とX大学マップ」の説明の準備をする　（別紙）

タスク2　「私とX大学マップ」を説明する

聞き手から受けた質問や聞き手が「もっと聞きたい」と言ったことのメモ

タスク3　活動を振りかえる

1) 自分の説明と聞き手からの質問について

2) 相手の説明について

3) 気づいたことや学んだことについて

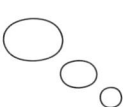

つぶやき欄

(　)年(　)月(　)日

ワークシート　2課

学籍番号（　　　　）学科（　　　　）クラス名（　　　　）名前（　　　　　　　　）

プレタスク　効果的な自己紹介を考える

①Aさん：長所
　　　　　短所
②Bさん：長所
　　　　　短所

タスク1　「私のおすすめマップ」を書く　（この用紙の裏に書く）

タスク2　「私のおすすめマップ」をお互いに説明する　相手の名前（　　　　　　　　）

相手に提案してもらった改善点

タスク3　活動を振りかえる

1) 自分の説明について

2) 相手の説明について

3) 気づいたことや学んだことについて

つぶやき欄

（　　）年（　　）月（　　）日

ワークシート　1課

学籍番号（　　　　）学科（　　　　）クラス名（　　　　）名前（　　　　　　　）

プレタスク　自分の言語活動を振りかえる

1）この1週間であなたが読んだものは何ですか（複数回答可）。
　ア）メール　イ）ブログやホームページ　ウ）SNS（mixi、twitter、Facebook等）やインターネットの掲示板　エ）教科書やプリント等、授業に関するもの　オ）小説等の本　カ）新聞　キ）漫画・雑誌　ク）その他（　　　　　　　　　　　　　　　　　　　　）

2）この1週間であなたが作成した文章は何ですか（複数回答可）。
　ア）メール　イ）ブログやホームページ　ウ）SNSやインターネットの掲示板等のコメント　エ）レポートや提出物等、授業に関するもの
　オ）その他（　　　　　　　　　　　　　　　　　　　　　　　　　　　　　）

3）あまり親しくない人と2人きりの状況になりました。あなたならどうしますか。
　ア）積極的に自分から話しかける　イ）相手が話しかけてくれるのを待つ
　ウ）できることなら、なるべく話さない
　エ）その他（　　　　　　　　　　　　　　　　　　　　　　　　　　　　　）

4）友だちの話を聞くときに、あなたが気をつけていることを書いてください。

タスク1　大学生にとって必要なコミュニケーションを考える

ア）1年生の基礎・教養科目履修時
イ）専門科目履修時
ウ）4年生のとき
エ）課外活動（サークル活動、アルバイト等）
オ）就職活動時
カ）社会に出たあと

タスク2　「好きなこと自己紹介」をする　（この用紙の裏に「好きなことマップ」を書く）

タスク3　活動を振りかえる

1）自分の言語生活について

2）授業について
　①
　②

3）自己紹介について

つぶやき欄

（　　）年（　　）月（　　）日

日本語エクササイズ　提出用シート15課

学籍番号（　　　　）学科（　　　　）クラス名（　　　　）名前（　　　　　　）

【学んだことの総チェック】

1. つぎのブック・レポートの文章の下線部①から⑰について、（_____部分は語の書式や表記、_____部分は文の構造に着目して修正しなさい。また、最も必要な箇所（3箇所）に読点を打ちなさい。　　　　　　　　　　　　　　　　　　　　[　　点／20点]

　この本は、臨床心理士である著者が、カウンセリングの基本に①基ずいたコミュニケーションの技術について書いた②物だ。

　著者によると、カウンセリングで悩みのある人の話を聞くときに③一番大事なことは、相手の話をただ聞く④事、すなわち傾聴だと⑤述べている。また、著者は傾聴の方法として、たとえ「その考え方は間違っている」と思っても、反論せずに、ただ受け止め、相手のことばを自分のことばで⑥言い換えたり、評価せずに、確かめるように繰りかえすとよいと述べている。

　たしかに、相手の話を聞くことは、その人の存在を認め、⑦尊重されることになりその人が⑧失なっていた⑨自身を⑩回複させる助けになるだろう。一方相談する人は、⑪妨たげられることなく話をすることで⑫思考や感じていることを整理することができるだろう。

　この本を読んで、このようなカウンセリングの手法は、日常生活において人の話を聞くときにも応用できる⑬んじゃないかと⑭考えました。⑮私たちの考えは、悩みを相談されるとすぐにその人のために解決法を考えてあげなければならないと思いがちである。⑯でも、まず相手の話に耳を傾けることが⑰大切！

(　　)年(　)月(　)日

日本語エクササイズ　提出用シート 14 課

学籍番号（　　　　）学科（　　　　）クラス名（　　　　）名前（　　　　　　）

▶ ことばのエクササイズ【間違えやすい漢字・送りがな】

1. つぎの文で間違っている漢字や送りがなを直しなさい。　　　　[　　点／20 点]

①円高の幣害　　　　②以外な結果に終わる　　③徴小な変化

④合理化を計る　　　⑤問題を指適する　　　　⑥価値感が異なる

⑦データの分折　　　⑧適正検査を受ける　　　⑨利益を追及する

⑩最少限のコスト　　⑪話しが難しい　　　　　⑫比較対称する

⑬規順以下　　　　　⑭帳薄を調べる　　　　　⑮議論が並行線をたどる

⑯普及を妨たげる　　⑰軌道修整　　　　　　　⑱専問領域

⑲真剣な熊度　　　　⑳改善を試る

▶ 表現のエクササイズ【長すぎる文のチェック】

1. つぎの文を 4 つの文に分けなさい。

　日本の総人口は今後減少し続けていくことが予測されているが、これは急速な少子化の進行によるもので、これによって、労働力不足が近い将来に生じることが懸念され、また、社会保障の面でも 1 人の若者が支える高齢者の数が多くなるということが予想されている。

⇩

（　　）年（　）月（　）日

日本語エクササイズ　提出用シート 13 課

学籍番号（　　　）学科（　　　）クラス名（　　　）名前（　　　　　）

▶ **ことばのエクササイズ【間違えやすい語・表現】**

1.つぎの文の下線部分を適当な表現に直しなさい。

①環境への影響を考えると、これ以上都市開発をしないべきである。

②山田氏は、つぎの選挙に照準を当てて、活動している。

③山下氏は、その分野ではすでに押しも押されぬ存在だ。

④法律に違反していないかどうかが、一番最初に考えなければならない点である。

▶ **表現のエクササイズ【ことばの言い換えと使い分け】**

1.つぎの選択肢の中から最も適切なものを選びなさい。

①自転車通学にはさまざまな（有利・優遇・利点）がある。たとえば、交通費の節約、運動不足の（解消・軽減・改良）などである。

②日本では昔から、夏を涼しく快適に過ごすための生活の（知恵・技能・技量）が伝えられてきた。その代表例として、打ち水、風鈴、日よけのすだれ、網戸、かご枕、（うちわ・屏風・扇）等が挙げられる。

③外国に行った時に、何でも日本のやり方が正しいと思っていると、トラブルになりやすい。つまり、（異文化・外国文明・異質）に対してつねに（自文化の普遍性・自国の優勢・自己の正統性）を主張すると、不要な（執着・曲解・摩擦）を招くことになる。

④この町は、年々大きく便利になったが、そのために隣近所との付きあいが減り、皆でまとまって何かをするということは少なくなった。つまり、（急激な都市化・早急な都会化・危急な産業化）が、人間関係の（衰弱化・弱小化・希薄化）と地域の（団体力・結束力・集団力）の低下をもたらしたのである。

(　)年(　)月(　)日

日本語エクササイズ　提出用シート 12 課

学籍番号（　　　　）学科（　　　　）クラス名（　　　　）名前（　　　　　　　　）

▶ ことばのエクササイズ【漢字とひらがなの表記ルール】

1. 正しい表記のほうに〇をつけなさい。
①「縮む」のひらがな表記→ちぢむ・ちじむ　　　　②読みづらい・読みずらい
③「片付ける」のひらがな表記→かたづける・かたずける　④気ずく・気づく
⑤「身近」のひらがな表記→みぢか・みじか　　　　⑥こおして・こうして

2. つぎの文には、表記を直したほうがいい箇所が( )で示した数だけある。そこに線を引き、下に正しい形を書こう。
①従って、ケータイ電話を使う人の数は、こんご、増えて行くと言う予想が成り立つ。(5)

②このデータから分かる様に、期日迄に計画を立てて置く事は重要である。(4)

③先行研究のデータが、どうゆう調査に依って得られた結果なのかを良く理解しないまま引用すべきでは無い。(4)

▶ 表現のエクササイズ【読点の打ち方】

1. つぎの文章の適切な位置に読点を打ちなさい。(10 箇所)

　　2007 年度の総務省が実施した調査では雇用者全体に占めるパート・アルバイトの割合は約 30％となっておりその割合は年々上昇している。つまり正社員としての雇用よりも臨時的な雇用が着実に増加しているという変化がフリーターを受け入れる土壌を作りフリーターの数を増加させる要因を作っていると考えられるのだ。このような雇用形態の変化を視野に入れると不況下の現在フリーター急増の原因は若者の側だけではなく企業の側にもあると言える。また新たな雇用政策によって増加した非正規雇用率に歯止めをかける必要が出てきたのではないか。

(　　)年(　　)月(　　)日

日本語エクササイズ　提出用シート10課

学籍番号（　　　　）学科（　　　　）クラス名（　　　　）名前（　　　　　　　）

▶ **ことばのエクササイズ【書きことば的表現（レポートや論文の表現）】**

1. つぎの文の下線部の表現は、一般的な文章では使われることもあるが、レポートや論文では使われない表現である。レポート・論文で使われる表現に直しなさい。

①木村<u>先生</u>は、一連の研究の中でつぎのように<u>おっしゃっている</u>。

②<u>前に書いた</u>ように、大学生の学習時間が減少している。

③2章ではこのシステムの欠点について述べたが、利点については<u>後で言う</u>。

④2012年度調査によると、進学率が<u>一番低い</u>のはA国である。

⑤この調査結果から考察すると、今後、地震が多発する<u>かもしれない</u>と言える。

▶ **表現のエクササイズ【並列のバランスのチェック②】**

1. つぎの文の下線部について、並列関係の形や意味のバランスに注意して、＿＿＿＿の部分を修正しなさい。

①動物園や水族館には、単なる<u>娯楽の提供</u>だけでなく、<u>生物の種を保存する</u>、<u>環境教育の推進</u>といった役割がある。

②鎌倉は、<u>観光名所</u>としてだけではなく、<u>高級住宅</u>として有名だ。

③この講義には、<u>学生カードの提出</u>と<u>テキストを購入した</u>うえで、参加すること。

④本レポートでは、この町の<u>歴史</u>や<u>再開発が地域に今後どのような影響を与えるか</u>について述べる。

2. つぎの文を完成させなさい。
①地球環境は、＿＿＿＿＿の＿＿＿＿＿や＿＿＿＿＿の＿＿＿＿＿によって悪化している。
②＿＿＿＿＿の＿＿＿＿＿や＿＿＿＿＿の＿＿＿＿＿が子供の生活に変化をもたらしている。

（　　）年（　　）月（　　）日

日本語エクササイズ　提出用シート9課

学籍番号（　　　　）学科（　　　　）クラス名（　　　　）名前（　　　　　　）

▶ことばのエクササイズ【書きことば的表現（名詞句化２）】

1.つぎの（　　　）に、□□□□□の中から適当な句を選んで入れなさい。

> に関する、において、による、に対して、にわたる、に基づく、として

①これは、本大学第2キャンパスで学部生にインターネットで行った調査である。
　→これは、本大学第2キャンパス（　　　　）、学部生（　　　　）インターネットを用いて行った調査である。

②地震で受けた被害とマンションの修理について、住民が1週間話しあいをした。
　→地震（　　　　）被害とマンションの修理（　　　　）1週間（　　　　）話しあいが、住民によって行われた。

③この提案は、住民アンケートをして、それをもとに作ったものである。
　→この提案は、住民アンケート（　　　　）ものである。

▶表現のエクササイズ【並列のバランスのチェック１】

1.つぎの文の下線部について、並列関係の形や意味のバランスに注意して、＿＿＿＿の部分を修正しなさい。

①<u>食事</u>と<u>運動をすること</u>が健康維持には重要だ。

②このサークルの特徴は、<u>雰囲気がよいこと</u>と、<u>会費の安さ</u>、練習時間の<u>短さ</u>だ。

③この病気の患者の増加は、主に<u>食生活の変化</u>や、<u>ストレスが多くなったこと</u>によると考えられる。

④<u>経済格差が大きくなること</u>や<u>少子高齢化</u>が、日本社会に大きな変化をもたらしている。

⑤この市の環境は、車が<u>増加したり</u>森や田畑が<u>減少した</u>ため急速に悪化した。

（　　）年（　）月（　）日

日本語エクササイズ　提出用シート 8 課

学籍番号（　　　）学科（　　　）クラス名（　　　）名前（　　　　　）

▶ ことばのエクササイズ【書きことば的表現（名詞句化①）】

1. ＿＿＿部分を漢語にして＿＿＿に書き、より書きことばらしい表現にしなさい。（　）には適当なひらがなを入れなさい。

① 外国語を学ぶには、よい辞書が欠かせない。
　　→外国語を＿＿＿＿＿＿＿＿するには、よい辞書が欠かせない。
　　→外国語（　　）＿＿＿＿＿＿＿＿には、よい辞書が欠かせない。

② 中国から日本へ農産物を輸入することが、近年増大している。
　　→中国（　　　）日本（　　　　　）＿＿＿＿＿＿が、近年増大している。

③ 図から、18歳人口が減っていることが大学経営に影響を与えていることが分かる。
　　→図から、18歳人口（　　　）＿＿＿＿＿＿による大学経営（　　　　）影響が分かる。

④ 近年、我が国では、砂漠が広がっていることが深刻になっている。
　　→近年、我が国では、砂漠の＿＿＿＿＿＿＿＿が＿＿＿＿＿＿＿＿している。

▶ 表現のエクササイズ【修飾関係のチェック】

1. つぎの文について、修飾することばが＿＿＿＿となり、それがかかる部分が＿＿＿＿となるように、読点を打つ、語の位置を変えるなどして、意味がより明確になるように修正しなさい。

① a.　X国は、急激に景気が失速し失業率が上昇した。

　 b.　X国は、急激に景気が失速し失業率が上昇した。

② a.　その時、私は必死になって提案に反対する彼を説得しようとした。

　 b.　その時、私は必死になって提案に反対する彼を説得しようとした。

③ a.　事故の発生によって来場者数は一時停滞したものの、最近は増加している。

　 b.　事故の発生によって来場者数は一時停滞したものの、最近は増加している。

（　　）年（　　）月（　　）日

日本語エクササイズ　提出用シート7課

学籍番号（　　　　）学科（　　　　）クラス名（　　　　）名前（　　　　　　　）

▶ ことばのエクササイズ【書きことば的表現（ビジネス場面の表現）】

1. つぎの文の下線部分を、仕事の取引先に対して話す際にふさわしいことばに修正しなさい。

①後日、<u>おたくの会社</u>に<u>行っても</u>よろしいでしょうか。

②わたくし、<u>今度</u>、大阪支社に<u>ご転勤いたしました</u>、木村と申します。

③申し訳ありません。<u>分からない点</u>は、こちらまで<u>おうかがいください</u>。

④<u>うちの会社</u>の展示会は、<u>残念ですが</u>、終了いたしました。

2. つぎの下線部のことばを、改まった場面やレポートなどで使う書きことば的表現でよく使われる漢語表現に書き換えなさい。

①日程を<u>確かめる</u>　　→ ＿＿＿＿＿＿　②会議を<u>はじめる</u> → ＿＿＿＿＿＿
③データを<u>比べる</u>　　→ ＿＿＿＿＿＿　④時期を<u>延ばす</u>　→ ＿＿＿＿＿＿
⑤パンフレットを<u>配る</u>→ ＿＿＿＿＿＿　⑥書類を<u>出す</u>　　→ ＿＿＿＿＿＿
⑦よりよい案を<u>選ぶ</u>　→ ＿＿＿＿＿＿　⑧誤りを<u>直す</u>　　→ ＿＿＿＿＿＿

▶ 表現のエクササイズ【文に必要な要素のチェック】

1. つぎの文は、文に必要な要素が欠けている。どこに何が足りないのかを考え、補うことばの一例を考えなさい。

①はじめて研修に参加して、新たに学んだことが多くあり、私は強く共感した。

②地震などの自然災害から守るためには、普段から避難行動のシミュレーションをしておくことが大切だ。

③毎日欠かさず運動をすることは、大きな効果があるだろう。

④就職活動では、焦点を絞って検討しなければならない。

⑤以上、日本の教育の長所と問題点について述べた。今後注目していきたいと考えている。

（　　）年（　　）月（　　）日

日本語エクササイズ　提出用シート6課

学籍番号（　　　）学科（　　　）クラス名（　　　）名前（　　　　　　）

▶ ことばのエクササイズ【書きことば的表現（接続表現）】

1. つぎの文の（　　）のなかの接続表現のうち、改まった場面やレポートなどで使われる書きことば的表現として、最も適切なものを選び、○をつけなさい。

①現状を（調査して・調査し・調査したり）、分析した。
②少子化の影響は（深刻であり・深刻だし・深刻と）、無視できない。
③日本は物価も（高いし・高く・高くて）、人口も多い。
④その製品は安い。（なので・そのため・だから）、よく売れている。
⑤その製品は安い（が・けれど・けど）、性能が悪い。
⑥その製品は安い。（だけど・でも・しかし）、性能が悪い。
⑦計画が（進まず・進まなくて・進まなくって）、問題になった。
⑧よく検討（せずに・しなくて・しないで）、発表してしまった。
⑨日本では少子化が問題に（なってて・なっていて・なっており）、さまざまに議論されている。

▶ 表現のエクササイズ【ことばの組み合わせのチェック】

1. つぎの文の選択肢のうち、より適切な表現を選び、○をつけなさい。

①電化製品が（高性能化し・高性能化になり）簡単には修理できなくなっている。
②大人の価値観から悪影響を（もらい・受け）、小学生低学年からダイエットをする子どももいる。
③この技術はさまざまな分野において応用範囲が（大きい・広い）と言える。
④景気が悪くなり、進学率が（低下した・減少した）。
⑤生物の種類が急激に減少すると、生態系が（崩れる・悪くなる）ことが分かっている。
⑥ついに優勝することができ、最高の幸福感を（覚えた・感じた）。
⑦第1案より第2案のほうが、どのような年齢層のニーズにも対応できるので、汎用性が（多い・高い）と言えるだろう。
⑧洗剤は、石けんと比較すると、環境に与える負荷が（大きい・多い）という考えがある。

（　　）年（　　）月（　　）日

日本語エクササイズ　提出用シート 4 課

学籍番号（　　　　）学科（　　　　）クラス名（　　　　）名前（　　　　　　）

▶ **ことばのエクササイズ【書きことば的表現（形容詞と副詞他）】**

1. つぎの下線部を改まった場面やレポートなどで使われる書きことば的表現に直しなさい。

①この大学の施設は<u>とっても</u>充実<u>してる</u>。

②学科の研究室では<u>いろいろな</u>分野の研究が行われている<u>って</u>聞いた。

③自分<u>みたいな</u>学生にどんなことができる<u>かな</u>と<u>いつも</u>考えていた。

④この大学で何が学べるのか<u>とか</u>、何を<u>どうやって</u>身につけることができるのか<u>とか</u>を検討したことは、今まで<u>全然</u>なかった。

⑤新しいアイディアは、今までのものと<u>違くて</u>、<u>ちょっと</u>分かりづらいが、<u>だいたい</u>全員が賛成した。

▶ **表現のエクササイズ【動詞の形のチェック】**

1. つぎの文の下線部の動詞を正しい形に修正しなさい。

①大学時代のサークルにおける経験を、社会に出てから<u>生きる</u>ことができるだろう。

②数多くの失敗から発想を得ることで、新たな成功が<u>生む</u>ことが多い。

③今の制度を、その効果を検討せずに<u>続く</u>と、状況は悪化するだろう。

④日本人の食生活の変化が、ある種のガンの発生率を<u>上昇した</u>。

⑤調査対象地域の工場では、労働者の人権が<u>損なっていた</u>。

⑥学園祭実行委員会によって、屋外イベントが<u>計画した</u>。

⑦昨年度の『食料農業農村白書』では、食の安全性が<u>重視している</u>。

⑧自然の中のキャンプを通して、子ども達に多くのことを<u>学ばさせる</u>ことができるだろう。

(　　　)年(　　)月(　　)日

日本語エクササイズ　提出用シート 3 課

学籍番号(　　　　)学科(　　　　)クラス名(　　　　)名前(　　　　　　　)

▶ **ことばのエクササイズ**【書きことば的表現（名詞と動詞）】

1. つぎの下線部を改まった場面やレポートなどで使われる書きことば的表現に直しなさい。

① 犯罪を<u>止める</u>には、<u>まわり</u>の環境を<u>よくする</u>ことが重要だ。

② この<u>お店</u>の渋谷駅前店との<u>違う点</u>は、<u>お客さんが何を欲しがっているか</u>である。

③ <u>僕</u>のアイディアの<u>よい点</u>は、<u>ありきたりではないこと</u>であり、一方<u>ダメな点</u>は、<u>ほんとうにできる</u>可能性が低いことである。

2. 改まった場面やレポートなどで使う書きことば的表現を身につけるには、どうしたらよいだろうか。そのような表現を身につける方法や勉強の方法を挙げてみよう。

▶ **表現のエクササイズ**【文の前半部分と後半部分の対応のチェック ２】

1. つぎの文で、後半部分（下線部＿＿＿）に合う前半部分を［　　　　］から選び、○をつけなさい。

① ［海外留学の経験は・海外留学の経験を通して］、自分の国について改めてよく<u>知ることができた</u>。

② ［この調査方法では・この調査方法が］、サークルに所属していない学生が対象から<u>漏れてしまうケースも多かった</u>。

2. つぎの文は、前半部分と後半部分が合わない文（ねじれている文）である。前半部分（　　　　部分）に合うように、後半部分（下線部＿＿＿）を修正しなさい。

① 最も多かった改善提案は、パートやアルバイトの人々の毎日のさまざまな<u>経験だった</u>。

② この店における 食中毒は 、安全のための基準が<u>守られていなかった</u>。

③ 夏休みの実習は 、知識を実践に生かす<u>貴重な日だ</u>。

（　　　）年（　　）月（　　）日

日本語エクササイズ　提出用シート２課

学籍番号（　　　　）学科（　　　　）クラス名（　　　　）名前（　　　　　　　）

▶ ことばのエクササイズ【書きことば的表現（文末表現）】

1. レポートなどで使われる常体の文として、下線部が不適当なものはどれだろうか。
　　適当な場合は○、不適当な場合は×をつけ、正しく書き直しなさい。
① 少子化は、現代日本社会の最大の問題である。
② 生活と仕事のバランスを保つことは難しいである。
③ 現状を改善する提案を行うだ。
④ 問題点をよく検討することが重要。
⑤ その問題を解決することは容易じゃなかった。

2. つぎの下線部をレポートなどで使われる常体の文に変えたとき、選択肢のうち、正しい
　　方を選び、○をつけなさい。
① 環境保全が課題なのです。　　　　　→　（なのである・なんだ）
② つぎに原因を分析しましょう。　　　→　（分析します・分析しよう）
③ さらに増加するでしょう。　　　　　→　（だろう・である）
④ 改善を意味するわけではありません。→　（あらない・ない）
⑤ 今後、改善してください。　　　　　→　（ほしい・くれ）
⑥ これが重要なのではありませんか。　→　（なのではないか・じゃないか）

▶ 表現のエクササイズ【文の前半部分と後半部分の対応のチェック①】

1. つぎの文は前半部分と後半部分が合わない文（ねじれている文）である。前半部分
　　（□□部分）に合うように、後半部分（下線部＿＿）を修正しなさい。
① 私の欠点は、１つのことに夢中になると、他のことが見えなくなってしまう。

② 環境を守るうえで大切なことは、誰もが地球環境に責任を持って生活することが重要だ。

③ 本レポートの目的は、「この大学で何を学ぶべきか」を、大学の情報や先輩へのインタビューを通して検討する。

④ １年生は、これから大学生活をするうえで、もっとも基礎となる。